Das Straßentheater kommt!

Das Straßentheater kommt!

Sandra Marchart

VERLAG ANTON PUSTET

Abbildungsnachweis

Das Szenenfoto „Megära, die förchterliche Hexe" beim Wiener Pawlatschentheater 1965
von Gretl Geiger erscheint mit freundlicher Genehmigung des Österreichischen Theatermuseums.
Das Foto von Dagmar Bartik von einer Aufführung des GemeindeHOFtheaters 1984
„Mammas Marihuana ist das Beste" und das Foto „Bezahlt wird nicht!" stammen aus dem Archiv
des Fo-Theaters in den Arbeiterbezirken, Wien im Bestand der Wienbibliothek im Rathaus (Handschriftensammlung, ZPN 1484) und wurden mit freundlicher Genehmigung von Didi Macher gedruckt.
Das Foto vom Innsbrucker Straßentheaterwagen stammt von der Innsbrucker Immobilien Service GmbH.
Die Fotos auf den Seiten 60, 165, 203, 205, 206, 207, 210, 211, 213,
219, 221, 224, 225, 227 stammen aus dem Privatarchiv der Autorin.
Foto vom Hof des Traklhauses: Tanja Kühnel
Fotos auf den Seiten 223 und 226 von Matthias Kabel
Alle anderen Fotos stammen aus dem Archiv der Salzburger Kulturvereinigung
und wurden mit ihrer freundlichen Genehmigung gedruckt.

Zur besseren Lesbarkeit wurde auf akademische Titel verzichtet.

Dieser Titel erscheint in enger Zusammenarbeit zwischen der
Salzburger Kulturvereinigung und dem Verlag Anton Pustet.

Impressum

Bibliografische Information der Deutschen Nationalbibliothek
Die Deutsche Nationalbibliothek verzeichnet diese Publikation
in der Deutschen Nationalbibliografie; detaillierte bibliografische
Daten sind im Internet über http://dnb.ddb.de abrufbar.

©2010 Verlag Anton Pustet
5020 Salzburg, Bergstraße 12
Sämtliche Rechte vorbehalten.

Grafik: Tanja Kühnel
Lektorat: Martina Schneider
Umschlagfotos: Foto Neumayr
Cover: Johannes Seilern und Regina Schrott in Beaumarchais „Der tolle Tag" (2006)
Druck: Druckerei Holzhausen, Wien
Gedruckt in Österreich

ISBN 978-3-7025-0621-6

www.pustet.at

Inhalt

	Vorwort	7
1	„Hängt die Wäsche weg, die Komödianten kommen" Von der Idee zur Leidenschaft	9
2	„Unser Hanswurst war ein Salzburger" Ein kurzer Rückblick auf die Theatertradition und drei Seitenblicke auf ähnliche Theaterunternehmen	13
	„Ein Volksfest sollen die Wiener Festwochen sein" Das Wiener Pawlatschentheater 1959–1967	19
	„Unser Theater wird nie allen gefallen" Das GemeindeHOFtheater in Wien 1980–1995	27
	„Es wird gelacht, geschmunzelt und nachgedacht" Das Innsbrucker Straßentheater	41
3	„Mit mir wird man es immer schwer haben" Oscar Fritz Schuh – der Mann hinter der Idee des Salzburger Straßentheaters	45
4	„Ich bin ein Sonntagskind" Klaus Gmeiner: der Theater- und Hörspielregisseur, der Schuhs Idee des Pawlatschentheaters aufgenommen und in seinem Verständnis weiterentwickelt hat	61
5	Die Salzburger Kulturvereinigung – der treibende Motor hinter zahlreichen traditionsreichen Salzburger Kulturveranstaltungen Ihre Geschichte, Funktion und die Organisation des Straßentheaters	77
6	Das Salzburger Straßentheater Seine Entstehung, seine Geschichte(n) und seine Produktionen	87
	1. Dekade 1970–1979	88
	2. Dekade 1980–1989	141
	3. Dekade 1990–1999	171
	4. Dekade 2000–2010	197
7	… und am Schluss sei noch gesagt	229
8	Stücke und Besetzungen 1970–2010	233
	Zum Nachlesen	243

Dank

Mein herzlicher Dank gilt der Straßentheaterfamilie, allen voran Klaus Gmeiner und Leo Braune. Sie haben mich mit offenen Armen aufgenommen und immer als eine von ihnen gesehen – das macht mich stolz.

Die Salzburger Kulturvereinigung hat mir den uneingeschränkten Zugriff auf ihre Unterlagen und Fotos ermöglicht. Danke vor allem an Josefa Hüttenbrenner, die nie mit mir die Geduld verloren hat …

Einen besonderen Dank auch dem Verlag Anton Pustet, dessen Leiter Gerald Klonner und meiner Lektorin Martina Schneider, durch deren Unterstützung und Vertrauen aus einer Wissenschaftlerin eine Autorin wurde.

Und am wichtigsten ist mir an dieser Stelle ein tiefempfundener Dank an meine Eltern. Sie glauben wunderbarerweise immer an die Dinge, die ich mir in den Kopf setze.

Vorwort

Mit dem vorliegenden Buch von Sandra Marchart kommt eines der besonderen Aushängeschilder in der bunten und vielfältigen Salzburger Kunst- und Kulturszene zu besonderen Ehren: Das Salzburger Straßentheater, das seit nunmehr 40 Jahren mit klassischen Komödien und Lustspielen der Weltliteratur sein Publikum verzaubert.

Einen Festspielsommer ohne das Salzburger Straßentheater kann man sich in dieser Stadt fast nicht mehr vorstellen. Aber es war mit Sicherheit kein einfacher Weg von der Idee – geboren vom großen Theatermann Oscar Fritz Schuh und seiner Frau Ursula – hin zur Umsetzung und erst recht bis zum heutigen Kult-Status. Soweit bekannt, hat O.F. Schuh im Jahr 1957 dem Festspieldirektorium erstmals den Wunsch vorgetragen, in Salzburg ein Theater auf der Straße bei freiem Eintritt zu installieren. Erst 1970 war es dann, vor allem auch dank der großartigen Unterstützung durch die Salzburger Kulturvereinigung, erstmals soweit. 15 Jahre lang hat das Ehepaar Schuh dann mit unglaublichem Idealismus und Engagement an der Umsetzung und Weiterentwicklung dieser Idee gearbeitet. Seit 1985 sind es nun Klaus Gmeiner als künstlerischer Leiter und Bernd Dieter Müller, von denen die Geschicke dieser – mittlerweile zur Institution gewordenen – Kultureinrichtung höchst erfolgreich geleitet werden.

Wohl rund eine halbe Million Menschen haben sich im Laufe der Jahrzehnte von der besonderen Atmosphäre des Salzburger Straßentheaters mitreißen lassen. Ein solcher, dauerhafter Erfolg beim Publikum ist nur zu schaffen, wenn die Qualität stimmt. Und dieser hohe Qualitätsanspruch – sowohl an die gespielten Stücke als auch ihre Umsetzung – begleitet das Salzburger Straßentheater seit Anbeginn.

Eines hohen Qualitätsanspruchs und großer Ernsthaftigkeit bedarf es auch, wenn man sich, wie Sandra Marchart in vorliegendem Buch, der Geschichte und den Geschichten hinter der Institution Salzburger Straßentheater nähert. Kurzweilig, unterhaltend und lehrreich sollte es obendrein sein, schließlich gibt auch hier das zu Beschreibende einen hohen Standard vor. Dass Sandra Marchart all dies gelungen ist und sie uns darüber hinaus das ganz besondere Flair dieses Stücks Zeit- und Theatergeschichte Salzburgs nahebringt, beweist sie auf den folgenden Seiten. Für diese akribische Aufarbeitung sei ihr gedankt. Den Leserinnen und Lesern wünsche ich viel Vergnügen beim Eintauchen in die Welt des Salzburger Straßentheaters. Und wenn sie es nicht schon längst getan haben, so rate ich Ihnen, ganz nach Karl Farkas: „Schauen Sie sich das an!"

LH-Stv. David Brenner
Kulturreferent der
Salzburger Landesregierung

1.
„Hängt die Wäsche weg, die Komödianten kommen"

Von der Idee zur Leidenschaft

Stellen Sie sich bitte folgende Situation vor: Sie spazieren durch Salzburg und treffen auf einem Platz in der Stadt auf einen alten LKW-Anhänger, der von zwei imposanten Pferden gezogen wird. Der Kutscher hält an, zwei Männer kurbeln die eine Längsseite des Wagens herunter. Und auf der dadurch entstehenden kleinen Spielfläche gelingt es den Schauspielern, trotz Flugzeuglärm, Handyläuten und Kindergeschrei, Sie in die Welt des biedermeierlichen Wien zu versetzen. Sie erzählen Ihnen die Geschichte vom „Zerrissenen", ein Stück, das Johann Nestroy für die Bühne eines geschlossenen, fixen Theaters geschrieben hat, aber Sie bleiben stehen und lassen sich durch diese spezielle Aufführung, für die Sie nicht einmal Eintritt zahlen mussten, bezaubern. Für eine gute Stunde sind Sie vom geschäftigen Treiben rund um Sie abgelenkt. Wenn Ihnen das passiert, dann sind sie unvermittelt zum Zuschauer beim Salzburger Straßentheater geworden.

Schauspieler, die Theater auf diese Art zu seinem Publikum bringen – diese Idee hat eine lange Tradition. Das Sprichwort „Hängt die Wäsche weg, die Komödianten kommen" stammt aus einer Zeit, in der die Wandertruppen in ihren moralischen Vorstellungen Dieben und Betrügern gleichgestellt wurden. Zwar waren ihre Vorstellungen auf Jahrmärkten und dergleichen beliebt und gut besucht, im Anschluss wollte man sie aber immer möglichst schnell aus der Stadt haben – aus Sorge um Hab und Gut.

Mit solchen Vorurteilen kämpfen die Schauspieler am Salzburger Straßentheater heute freilich nicht mehr. Nur manchmal kommt es vor, dass sie belächelt werden, weil sie vermeintlich „nur" auf der Straße spielen anstatt in einem echten Theater. Wer sich auf das Abenteuer einlässt, sieht allerdings schnell, mit welch hohem künstlerischen Anspruch hier Theater gespielt wird.

Ich persönlich kenne das Straßentheater seit meiner Kindheit – ich bin in der Altstadt aufgewachsen. Intensiver konnte ich mich im Zuge meiner Forschungsarbeit für meine Dissertation damit beschäftigen. Auf der Suche nach einem spannenden Thema entdeckte ich, dass es hier förmlich „auf der Straße" lag. Viel Schriftliches gibt es über dieses besondere Unternehmen in Salzburg nicht. Programmzettel, Zeitungsberichte, Material aus dem Nachlass von Oscar Fritz Schuh, Korrespondenzen der Salzburger Kulturvereinigung und Sitzungsprotokolle der Salzburger Festspiele bildeten – von den unterschiedlichsten Institutionen zusammengetragen – die erste Grundlage. Darüber hinaus habe ich viele Gespräche mit Menschen geführt, die am Salzburger Straßentheater beteiligt sind oder waren. Diese Recherchen haben mir großen Spaß und mich im besten Sinn Straßentheater-süchtig gemacht. Nun liegt das Ergebnis auch als Buch vor. Ein Sommer ohne das Salzburger Straßentheater ist für mich selbst mittlerweile nicht mehr denkbar. Und so geht es vielen anderen – Publikum und Mitwirkenden – ebenfalls.

Neben einem kurzen Rückblick auf den historischen Theaterhintergrund stelle ich auch drei ähnliche Unternehmungen innerhalb Österreichs vor. Keines dieser Theater, die es gibt und gab, hat es jedoch bisher geschafft, sich so erfolgreich zu halten wie das Salzburger Straßentheater.

Das Wiener Pawlatschentheater hat in den 60er-Jahren den Hanswurst und seine Verwandten auf die schlichten Theaterbretter zurückgeholt.

Das GemeindeHOFtheater begeisterte fünfzehn Jahre lang die Menschen in den Wiener Gemeindehöfen mit brisanten Themen in zeitgenössischen Stücken. Das Innsbrucker Straßentheater schließlich, die „kleine Schwester" des Salzburger Straßentheaters, bietet auf dessen erstem Wagen mittlerweile seit zwanzig Jahren den Innsbruckern Volkstheater.

Die „Pawlatschenbühne" ist ein Begriff, der im Zusammenhang mit dieser Theaterform übrigens häufig gebraucht wird und dem Leser auch in diesem Buch das eine oder andere Mal unterkommen wird. Die Pawlatsche ist angeblich eine eingedeutschte Form des tschechischen Wortes „pavlač", das einen offenen Hauseingang bezeichnet. Im Wienerischen wurde der Begriff für die umlaufenden Laubengänge der typischen Hinterhöfe benutzt und in Folge auch für einfache Bretterbühnen verwendet.

Der seit seinem Entstehen anhaltende Erfolg des Salzburger Straßentheaters ist nicht zuletzt dem großen Theatermann Oscar Fritz Schuh zu verdanken, ohne dessen Idee und Hartnäckigkeit es dieses besondere Theater heute nicht geben würde. Auch sein Nachfolger Klaus Gmeiner, der das Straßentheater seit 1985 leitet, hat es mit seiner sehr persönlichen Auffassung geprägt und in seinem Verständnis weiterentwickelt.

Weiters trägt auch die Salzburger Kulturvereinigung als treibender organisatorischer Motor hinter dem Thespiskarren zum Erfolg des Salzburger Straßentheaters bei. Dessen Entwicklung von den organisatorischen und diskussionsgeladenen Anfängen bis hin zur Inszenierung des Sommers 2010 ist eine Geschichte voller Höhen, Tiefen und besonderen Begebenheiten, wie sich an den einzelnen Produktionen jedes Jahres zeigen wird. Seit vier Jahrzehnten begeistert das Salzburger Straßentheater mit einer riesigen kreativen Bandbreite sein Publikum jedes Jahr aufs Neue.

Der Diener zweier Herren, Foto Anrather, 2000

2.
„Unser Hanswurst war ein Salzburger"

**Ein kurzer Rückblick auf die Theatertradition
und drei Seitenblicke auf ähnliche Theaterunternehmen**

In seinem Roman „Wilhelm Meisters theatralische Sendung" lässt Johann Wolfgang von Goethe eine Theaterprinzipalin diese Behauptung aufstellen. Und sie ist natürlich wahr. Schließlich ist Josef Anton Stranitzky als Salzburger Hanswurst berühmt geworden und hat nicht zuletzt mit dieser Figur das Wiener Volkstheater begründet.

Immer wieder wird in Bezug auf das Salzburger Straßentheater von den fahrenden Komödiantengruppen, von Commedia dell'Arte und der alten Theaterform gesprochen, der es entstammt. Diese Beziehung wird klarer, wenn man jene Traditionen näher betrachtet, gleichsam einen Schritt zurück zu den Wurzeln macht.

Die Form des Thespiskarrens – fahrende Schauspieler, die zu ihrem Publikum kommen, um es zu unterhalten – ist tief in der Commedia dell'Arte und den Wandertheatertruppen des 17. und 18. Jahrhunderts verwurzelt.

Theater hat in Salzburg eine jahrhundertelange Tradition. Im 15. Jahrhundert gewannen neben den kirchlichen Prozessionen zunehmend auch weltliche Fastnachtstänze und Maskeraden an Bedeutung. Nicht nur die Bürger waren vom bunten Treiben angetan, auch die Adeligen rund um den Fürsterzbischof genossen die

Späße. Zu jeder Gelegenheit, die sich bot – ob Fastnacht, Feiertag oder Gründungstage von Gilden oder Vereinen – wurden solche Maskeraden aufgeführt. Parallel zu dieser Entwicklung gab es in Salzburg seit dem 16. Jahrhundert auch in den Schulen kulturelle Schwerpunkte.

Daneben fanden aber immer Wandertruppen auf ihren Bretterbühnen Einlass in die Stadt. Der Gründer des Salzburger Straßentheaters Oscar Fritz Schuh, zitiert in seinem Beitrag in der Festspielbeilage der Salzburger Nachrichten 1970 den Bericht einer gewissen Margareta Costa von 1628 über eine Komödien-Aufführung auf der Straße:

99 Einige Abteilungen veranstalteten auch kleine Komödien und wenn sie dieselben an einer Stelle beendet hatten, gingen sie anderswo hin, ihre Schauspiele aufzuführen. 66

Das Stadttheater wurde gegen Saalmiete an die Wandertruppenprinzipale vermietet, die für ihre Gastspiele die Bühne, aber auch Logen und Parterre auf- und abbauten. Unter Erzbischof Hieronymus von Colloredo (1772–1803) änderte sich nach Jahren der lustspielfreundlichen Situation die Stimmung. Er war nüchtern, begeistert von der Aufklärung und von strengen Prinzipien ohne den Hang zu üppigen Festen wie seine Vorgänger. Sein schwieriges Verhältnis zu Wolfgang Amadeus Mozart ist allen bekannt, aber auch die Wandertruppen fanden auf einmal veränderte Bedingungen vor. Per Gesetz wurde ihnen eine Aufführung in der Stadt untersagt.

Knapp 200 Jahre danach entdeckt Oscar Fritz Schuh diese Theatergattung neu für sich und sein Vorhaben, Theater zu den Menschen zu bringen. In der Festspielbeilage der Salzburger Nachrichten 1970 schreibt er:

99 Hier also schon eine Theaterform, die man heute wieder ins Leben rufen möchte, weil sie im Zeitalter des „happenings" eine neue Bedeutung gewonnen hat. Wenn man aus der Fülle der progressiven Theaterströmungen und theatralischen Moden einiges her-

ausgreift, das wert befunden sein könnte, ernst genommen zu werden, so ist es der Versuch einer neuen Kommunikation zwischen Bühne und Auditorium. [...] Das Straßentheater könnte ein Anfang sein. Es könnte eine Schicht aufdecken, die alt und neu in einem ist. Zwischen Jahrmarkt, Turnierspielen, Commedia dell'Arte wäre eine Form zu entdecken, die lange verschollen war, aber deshalb nicht tot zu sein braucht. Eine derartige Institution ist kein Exportartikel, sie könnte hier im Augenblick ihre Gültigkeit haben und sie könnte eine Brücke schlagen zwischen den Kräften des Beharrens und des Fortschritts.❞

Schuh bedient sich der alten Theaterform, um neue Richtungen zu gehen. Dabei greift er für sein Straßentheater auf Elemente zurück, die er der Tradition der Wandertruppen und der Commedia dell'Arte entnimmt.

Einerseits wäre das zum Beispiel die Bühnenform: ein einfacher Wagen (eine einfache Bretterbühne), der (die) überall schnell aufgestellt und wieder abgebaut werden kann. Das Theater kommt zu den Leuten, nicht umgekehrt. Dieses von den Wandertruppen des Alt-Wiener Volkstheaters übernommene Prinzip der Pawlatschenbühne ist die einfachere Alternative zur Winkelrahmenbühne der entwickelten Commedia. Ein Winkelrahmen, so nimmt man an, wurde hinter den anderen gestellt und dadurch ein perspektivischer Blick erzeugt. Hinten wurde die Bühne vermutlich durch einen Prospekt abgeschlossen. Die Kulissenbühne, die es zum Teil gegeben hat, kam für die einfachen Commedia-Truppen nicht infrage.

Beim Salzburger Straßentheater hat man, seit Bernd Dieter Müller die Ausstattung übernommen hat, eine Mischform aus beidem gefunden. Bis an die Grenzen des Machbaren geht er mit seinen Bühnenbildentwürfen, findet immer wieder neue Verwandlungsmöglichkeiten, für eine Produktion hat sogar eine Drehbühne einbauen lassen.

Ein weiteres wichtiges Element, das das Salzburger Straßentheater mit der Tradition der Commedia dell'Arte und der Wandertruppen verbindet, ist die Umgebung: Man spielt unter freiem

Himmel auf den Straßen und Plätzen einer Stadt oder Gemeinde, ist der Witterung und den Umweltgeräuschen ausgeliefert. Gleichzeitig spielt die Umgebung oft mit, bildet einen natürlichen Hintergrund.

Der Jahrmarkt ist ein Raum, der natürlich von Anfang an sehr stark theatralisiert war, theatralisch war in der Art und Weise, wie die Buden, wie die Podien aufgestellt sind, wie die Raumaufteilung ist, in der sich Kaufleute und Gaffer, Jahrmarktssänger und Theaterleute bewegen. So ist der Jahrmarkt ein Zeichen geworden – ganz im Sinne: „Die ganze Welt ist eine Bühne"(William Shakespeare).

Die Schauspieler sind Berufsschauspieler, keine Laien – wie auch die Commedia-Darsteller zu Goldonis Zeit, dessen Name wie kein zweiter mit der Commedia dell'Arte verbunden ist. Zu dieser Zeit, als die Stücke schriftlich fixiert und nicht mehr nur als Improvisation geboten wurden, waren die Commedia-Darsteller die ersten professionellen Schauspieler überhaupt.

Das Publikum steht beim Straßentheater vor der Bühne. Es kommt meist zufällig vorbei – auch das hat sich bis zum heutigen Tag (obwohl es natürlich fixe Spielorte und -zeiten gibt) in Salzburg erhalten. Hier steht vorne, wer als Erster kommt, nicht, wer am meisten bezahlt hat.

Auch bei den Kosten für das Publikum hat das Straßentheater viel mit der Theaterform der Wandertruppen gemein. Es gibt keine Eintrittskarten – freiwillige Spenden sind jedoch mehr als erwünscht, da das Theater auch dadurch finanziert wird.

Weitere Parallelen sind die extreme Nähe von Publikum und Schauspieler, durch die ein viel genaueres und natürlicheres Spielen notwendig wird, um in den (nahen) Augen der Zuschauer glaubwürdig zu wirken. Vieles wirkt improvisiert, das Publikum bekommt den Eindruck, als hätte es einen viel unmittelbareren Einblick in den Ablauf – allein schon durch die Tatsache, dass man oft das Geschehen abseits und hinter der Bühne beobachten kann. Die Publikumsreaktionen sind durch eben dieses Naheverhältnis auch direkter und stärker als in einem Theater mit abgedunkeltem Zuschauerraum.

Waren die Wandertruppen früher von der Gunst des Landesfürsten abhängig, steht und fällt die Durchführung des Salzburger Straßentheaters mit ihren Subventionsgebern, darunter die Stadt Salzburg. Viel hat sich also auch in dieser Hinsicht nicht geändert.

Von der politisch-aktuellen Ebene der Commedia-dell'Arte-Aufführungen hat das Salzburger Straßentheater freilich wenig übernommen. Hier geht es nicht mehr darum, durch Stegreif die Zensur zu umgehen und den Mächtigen gehörig die Meinung zu sagen oder sie zu verspotten. Lediglich in den Couplets mancher Stücke gibt es hier tages- oder saisonpolitische Strophen.

Das Salzburger Straßentheater war und ist natürlich nicht das einzige Theaterunternehmen in Österreich, das auf diese Wurzeln zurückgreift, aber es ist das beständigste. Keinem anderen Projekt ist es gelungen, über einen so langen Zeitraum so erfolgreich Theater zum Publikum zu bringen.

Megära, die förchterliche Hexe, Foto Gretl Geiger, 1965

„Ein Volksfest sollen die Wiener Festwochen sein"
Das Wiener Pawlatschentheater 1959–1967

Beginnend am 1. Juni 1959 versuchten die Wiener Festwochen die alte Tradition des Pawlatschentheaters wieder aufleben zu lassen. In den Jahren 1959, 1960 und 1965–1967 gelang ihnen das auch: Die Bretterbühne, die – anfangs noch auf mehreren Schauplätzen, dann nur noch in Schönbrunn – unter freiem Himmel bespielt wurde, fand beim Publikum und der Presse großen Anklang. Prominente Schauspieler entdeckten die Spielfreude auf der nur mit wenig Kulisse und Requisiten ausgestatteten Bühne neu. Bis zu 500 Zuschauer pro Vorstellung konnten bei einem Eintrittspreis von 5,– bis 20,– Schilling der Aufführung beiwohnen. In der Wochenpresse vom 13. Juni 1959 stand zu lesen:

99„Ein Volksfest sollen die Wiener Festwochen sein", sagte Wiens Stadtrat für Kultur und Volksbildung, Hofrat Hans Mandl, im Vorjahr zur „Wochen Presse". „Volksschauspieler sollten auf der Pawlatschen in der Vorstadt spielen, das wär' was – aber das traut sich ja heute keiner." Heuer traute man sich: das Festwochen-Komitee als Finanzier, der Burgtheater-Schauspieler und Regisseur Gandolf Buschbeck als Spielleiter.66

Begonnen wurde 1959 mit Philipp Hafner. „Der Furchtsame" – in einer Bearbeitung für das Pawlatschentheater – stand auf dem Programm. Die Inszenierung von Gandolf Buschbeck mit Helly Servi, Fritz Imhoff, Harry Fuss, Henriette Heiß, Walter Kohut, Eduard Loibner, Franz Messner und Veit Relin kam bei Publikum und Kritik gleichermaßen gut an. In der Österreichischen Neuen Tageszeitung zum Beispiel schreibt Karl Maria Grimme am 4. Juni 1959:

99 Die Pawlatschen ist ja keine lebendige Form des heutigen Theaters mehr, es gibt sie nur noch gelegentlich im Sommer in dem einen oder anderen Vorstadthof. Doch kaum ist der leidenschaft-

liche Valere auf die Bretter gestürmt, kaum schmeichelt sich der Hanswurst mit liebenswürdiger Verraunztheit – er möchte so gerne schlafen! – in unser Vertrauen, bin ich auch schon gebannt von der unmittelbaren Wirkung dessen, was sich da Drolliges begibt, und diese Wirkung steigert sich den ganzen Abend hindurch, kaum mehr lenken mich Kälte und unfreundliche Witterung ab.**"**

Und in der Presse liest man fünf Tage später:

" Diese Reduktion des Theaters auf das Unumgängliche – ist das nicht das Kasperltheater aus der Kindheit? Die Wanderbühne ganz früher Tage auf dem Wiesenmarkt? So rasch kommt das alles wieder, plötzlich sitzen im Publikum lauter große Kinder, sind ausgelassen und rufen dazwischen und würden am liebsten wieder – wie lange ist es denn her? – Warnungen und Ratschläge auf die Bühne rufen, wie das ja zu Kasperls Zeiten Sitte war. […] Der „Furchtsame" – wir haben ihn ja erst im Herbst im Keller gesehen (Anm.: im Theater am Parkring), aber nun wissen wir es: Der Kasperl gehört auf die Straße, unter den offenen Himmel, sei es Hetzendorf oder das Schloß von Liesing, Pötzleinsdorf oder der Messepalast – die Festwochenpawlatschen brauchen kein Licht zu scheuen.**"**

Rudolf Uwe Klaus wirkt in diesem Artikel fast prophetisch, wenn er schreibt:

" Der umjubelten Reminiszenz aus Wiens glanzvollster Theatervergangenheit haftet so gar nichts Krampfhaftes, Artifizielles oder peinlich Imitiertes an. Es war lebensfrisch, kraftvoll, ursprünglich und betörend wie vor 200 Jahren. Sollten nicht die Salzburger Festspiele erwägen, sich die Pawlatsch'n oder den Hafner gleichfalls zu eigen zu machen? Oder gar beide?**"**

Laut Friedrich Abendroth vom Rheinischen Merkur in Koblenz war ursprünglich von den Veranstaltern daran gedacht worden, die Bühne auf einem Pferdefuhrwerk zu montieren. Bedenken der Bau- und Feuerpolizei hatten sie aber von diesem Vorhaben abgebracht. Auch wurde befürchtet, dass man das Bühnenbild nicht schnell genug hätte aufbauen können. In Salzburg wurden sie elf Jahre später eines Besseren belehrt.

„Der Furchtsame" wurde zwischen dem 1. Juni und 27. Juni 1959 an fünf Schauplätzen in Wien (Schloss Hetzendorf, Schloss Liesing, Jugendgästehaus Pötzleinsdorf, Afritsch-Schule Stadlau, Messepalast) je zweimal aufgeführt. Das Medienecho reichte weit über die Stadtgrenzen hinaus bis nach Vorarlberg.

Die Idee war nicht neu. Wandertruppen fanden neben Tierhetzen und Kindertheater in Wien des 18. Jahrhunderts in den Vorstädten regen Zulauf. Wie in keinem anderen Theater hatte eigentlich das Publikum das Sagen. Lautstark mischte man sich in die Handlung ein und für Extrageld wurde der Bösewicht sogar noch einmal verprügelt. Die Schauspieler auf der Pawlatschen taten alles, um das wankelmütige Publikum bei Laune zu halten. Erst Philipp Hafner – dessen „Furchtsamer" 1959 von den Wiener Festwochen aufgegriffen wurde – brachte die Komödien wieder in ein engeres Korsett, er war gegen das Stegreiftheater. Aber Hafner, der „österreichische Molière", bewahrte Hanswurst als Figur. Wandertruppen wie die der Caroline Neuber hatten ja wie auch die Zensur versucht, diese unberechenbare, derbe Gestalt von der Bühne zu verbannen. In Hafners Stücken wurde der Hanswurst aber jetzt im Rahmen einer Spielhandlung literarisch fixiert. Hafner schuf damit den Boden, auf dem später Bäuerle, Nestroy und Raimund reich ernten konnten.

Nach dieser erfolgreichen ersten Saison spielte man – im Jubiläumsjahr „10 Jahre Wiener Festwochen" – an drei Schauplätzen in zehn ausverkauften Vorstellungen „Der Zwirnhändler aus Oberösterreich" von Joseph Ferdinand Kringsteiner, der zwischen 1775 und 1810 in Wien lebte und erfolgreiche Possen hauptsächlich für das Leopoldstädter Theater schrieb. Es spielten unter anderen Fritz Imhoff, Harry Fuss, Susi Peter, Inge Cornelius und Oskar Wegrostek. Die Festwochen berichten von durchwegs sehr guten Kritiken. So zum Beispiel Rudolf Uwe Klaus im Kurier vom 1. Juni 1960:

❞ Man kann das anspruchslose Wanderbühnchen schlechthin überall aufschlagen, wo man uraltes wienerisches Stegreiftheater glorreich hanswurstische Tradition spielen will. [...] Ruth Kerry und Gandolf Buschbeck haben das reizende, mit freundlich parodistischen Seitenhieben auf den großen Zeitgenossen Schiller versetzte Spiel liebevoll bearbeitet. Buschbecks sicheres G'spür für dergleichen erbrachte zu der entzückenden Geschichte um demaskierte Hochstapelei, Hartherzigkeit und Liebe einen hinreißenden Theaterabend voll lebensfrischer Wirkungen. Denn so etwas ist so recht nach dem Herzen echtblütiger Komödianten. Und die waren vorhanden. Von Ernie Kniepert auf das Reizvollste ausstaffiert, entfesselten sie alle einen köstlichen Reigen theatralischer Wonnen voll unbekümmerter Outrage [...] Harry Fuss [...] machte auf zwerchfellerschütternde Weise seinem Namen Thaddädl alle erdenklichen Schauspielerehren. Entzückter Beifall erhärtete die Unsterblichkeit der Pawlatsch'n.❞

„Wien ist ein wurmstichiger Apfel" ist ein Zitat von Kringsteiner, das sehr viele Kritiken von 1960 zum Anlass nehmen, sich auch über die immer noch geltende Zeitkritik in seinem Stück zu freuen. Eingebettet in Späßen spricht sein Thaddädl so manches wahre Wort, das auch noch im 20. Jahrhundert seine Wirkung nicht zu verfehlen scheint.

❞ „Man will", so rief sein Thaddädl 1801 aus, „jetzt kein Herz, man hat kein Herz, und man braucht kein Herz. Denn auf dem Platz im menschlichen Leib, wo ehemals das Herz gelegen ist, da liegt jetzt das Einmaleins." Das Publikum von Anno dazumal konnte bei dieser bitteren Erkenntnis kaum betroffener aufgehorcht haben, als das Publikum der gestrigen Aufführung❞, steht zum Beispiel in der Wiener Zeitung am 2. Juni 1960.

Trotz des großen medialen Interesses und des regen Publikumszulaufs findet man erst wieder 1965 das Pawlatschentheater im Festwochenprogramm. Allgemein war in den Medien die Resonanz auf die Wiederaufnahme sehr positiv.

Diesmal wird sogar die Vorstellung vom Schloss Pötzleinsdorf im Fernsehen übertragen. Wieder wurde ein Philipp-Hafner-Stück ausgewählt und auch das Team bestand bis auf die Debütantin Gretl Elb in der Titelrolle aus bekannten Gesichtern: Gandolf Buschbeck führte Regie, es spielten unter anderen Harry Fuss, Susi Peter, Viktor Braun, Rolf Truxa. Zur Premiere wurde dreimal Anlauf genommen, da die Vorstellung aufgrund des schlechten Wetters erst beim vierten Versuch tatsächlich stattfinden konnte. Aber dann wurde „Megära, die förchterliche Hexe" an drei Schauplätzen (Schloss Hetzendorf, Schloss Liesing, Schloss Pötzleinsdorf) zehn Mal mit großem Erfolg gespielt.

❞ In jeder Beziehung ein bezaubernder Abend, dem alle guten Komödiengeister Pate stehen, die Philipp Hafner zu seiner „Megära" angeregt haben und sich in ihr ankündigen. Der Geizige Molières ist bei ihm ein Hausherr vom Grund geworden und Goldinis Columbine eine echte Wienerin. Und den Hanswurst hat Hafner bereits in das Vorzimmer des Raimundschen Feenhimmels geführt, seinen Spott hat er schon für die Nestroysche Satire geschärft [...]. Es hat niemand gegeben, der sich nicht an diesem köstlichen Spaß delektiert hätte. Ein Riesenerfolg.❞ (Hans Heinz Hahnl in der Arbeiter-Zeitung vom 9. Juni 1965).

Die Euphorie, wieder ein Pawlatschentheater zu haben, geht sogar so weit, dass im Volksblatt von einer „Historischen Tat" gesprochen wird, weil hier – so wie in seiner ursprüngliche Zeit – der Versuch gemacht wird, mit dem Theater die Leute aufzuheitern, damit sie in schweren Zeiten den Humor nicht ganz verlieren und sich hin und wieder einen Jux machen können.

Im Folgejahr hatte man aus den schlechten Wettererfahrungen der vorhergegangenen Saisonen gelernt und sich zu Sicherheitsvorkehrungen entschlossen. Im Reitschulhof neben der Wagenburg im Schlosspark Schönbrunn sollte von 1966 an der fixe Spielort für das Pawlatschentheater sein. Das mediale Verständnis dafür war groß.

> Dem Thespiskarren hat man heuer die Pferde ausgespannt: Er zieht nicht mehr, wie in früheren Jahren, durch die Stadt, sondern bleibt an einem Ort. [...] Diese „Standhaftigkeit" ist ein Protest gegen die Götter, die den fahrenden Musentempel gern mit Regenwasser segnen und ihm dadurch das Geschäft verderben. Heuer können Hanswurst und seine Mitspieler in solchen Fällen dem Himmel „Ätsch" sagen und sich samt ihrem Publikum ins Schönbrunner Schloßtheater zurückziehen. (Express am 3. Juni 1966)

1966 inszenierte Buschbeck Franz Xaver Geweys „Pigmalion oder Die Musen bey der Prüfung". Bei der Uraufführung 1812 im Leopoldstädter Theater spielte ein namhafter Komödiant die Titelrolle: Ignaz Schuster. 1966 spielten unter anderen Gusti Wolf, Harry Fuss, Susi Peter, Oskar Wegrostek und Evi Servaes fünfzehn Mal neben der Wagenburg. Der ORF übertrug auch diese Vorstellung im Fernsehen. Gewey, 1764 geboren, war hauptberuflich Beamter bei Hof und nur nebenberuflich Theaterschreiber.

Fritz Walden bemerkt in seinem Artikel „Pigmalion oder: Venus springt für Thalia eyn" in der Arbeiter-Zeitung vom 3. Juni 1966:

> Es ist zu einer richtigen Ausgrabungsstätte geworden, das Pawlatschentheater der Wiener Festwochen, und wie bei allen wertvollen Funden solcherorts ergeht es einem auch hier: Man muß zuerst daran etwas kratzen und wischen, ehe uns der Goldglanz entgegenschimmert. Und es ist Ruth Kerry doppelt hoch anzurechnen, dass sie einige aktuelle Retuschen äußerst behutsam ansetzte, um die kostbare Patina nicht zu verletzen [...]. Eine zwingende Aufforderung an die Bevölkerung Wiens und ihre Gäste, allabendlich nach Schönbrunn zu strömen, wo bis Mitte Juni eine schlichte Pawlatschenbühne das Schloß glatt an die Gloriette spielt.

Über die Jahre war das kalte oder schlechte Wetter oft der einzige Kritikpunkt gewesen. Und plötzlich war 1967 auf einmal das vor Begeisterung überschäumende Kritiken gewohnte Theater „nur" noch „reizvoll" und ein „vergnüglicher Abend".

1967 zeigte man Joseph Alois Gleichs „Fiesko, der Salamikramer" in siebzehn Vorstellungen. Wieder versammelte Regisseur Gandolf Buschbeck renommierte Schauspieler wie Harry Fuss, Susi Peter, Rolf Truxa, Franz Muxeneder und andere um sich. Das Stück, 1813 uraufgeführt, ist eine Parodie auf Friedrich Schillers „Fiesko" und nach Lerchenfeld übersiedelt. Der Autor Joseph Alois Gleich war übrigens nicht nur Theaterschreiber, sondern auch der Schwiegervater Ferdinand Raimunds.

In der Presse von 5. Juni 1967 kommentierte man die Aufführung so:

99 Es ist ein Gfrett: Stört kein Regen, plagt die Kälte. Man soll halt nördlich von Verona nicht Freilufttheater spielen (auch dann nicht, wenn es um Veroneser Salami geht). [...] Wie kommt's, dass es an dem Abend so kühl geblieben ist? Lag es am Stück? [...] Oder lag es an der Holprigkeit, mit der die Ramasurie, mehr schlampig als genial, am Premierenabend in Gang geriet? Sei's drum, die Kasperliade fand schließlich doch ein freundliches Echo bei einem frohgelaunten Publikum, das gekommen war, einmal unbeschwert lachen zu können, und jede Chance wahrnahm, dies zu tun. 66

Obwohl die Kritiken nicht mehr einhellig begeistert sind, kommt das schnelle Ende doch überraschend. Über den Hintergrund sind heute nur mehr Spekulationen möglich – ob aus finanziellen Gründen oder aus anderen Überlegungen:

1967 schlug das Pawlatschentheater jedenfalls zum letzten Mal seine Bretter im Reitschulhof von Schönbrunn auf.

Mammas Marihuana ist das Beste, Foto Dagmar Bartik, 1984

„Unser Theater wird nie allen gefallen"
Das GemeindeHOFtheater in Wien 1980–1995

❝ Theater außerhalb der Theater zu machen – die Idee ist so alt wie das (fest gebaute) Theater selbst. Jedes Mal ist es auch ein Erinnern an die Wurzeln, eine inhaltliche und ästhetische Neudefinition, ein Ausbrechen aus erstarrten Strukturen, ein subversiver theatralischer Akt [...].
Unsere Komödien wollen nicht nur Spaß machen, sondern mit diesem Spaß auch Information vermitteln. Ganz in der Tradition des italienischen und österreichischen Volkstheaters. Unvergeßlich daher die Abende unter den duftenden Lindenbäumen und blühenden Akazien, wenn im Gemeindehof ein alter Sozialdemokrat neben einem schrillen Punk, die Hausmeisterin von der Siebenerstiege neben dem Universitätsprofessor, Studenten neben Arbeitern saßen, auf dieselben Inhalte und Personen auf der Bühne reagierten, und die Luft erfüllt war von einem großen gemeinsamen Lachen. Wohl wissend, dass Theater nur im Augenblick sich ereignet, nur einen Impuls geben kann, waren es sicher diese Momente, die mir Mut machten und auch die Kraft gaben, über zehn Jahre lang jedes Jahr neu den langen Marsch durch die Institutionen zu gehen. ❞

So schreibt Didi Macher, Gründungsmitglied des GemeindeHOFtheaters, in einer europäischen Hochschulschrift zum Thema „Literatur und Arbeiterbewegung" 1992.

Das GemeindeHOFtheater hatte zwar in seiner Form Ähnlichkeiten mit dem Salzburger Straßentheater, aber eine völlig andere Intention. Es war ein komödiantisches, aber auch kulturpolitisches Theater, das hauptsächlich Stücke von Dario Fo aufführte. Deshalb wurde es ursprünglich 1979 unter dem Titel „Fo-Theater in den Arbeiterbezirken, Wien" als Verein (Didi Macher, Ulf Birbaumer, Otto Tausig) eingetragen und zog von 1980 bis 1995 unter der von Otto Tausig gefundenen Bezeichnung „GemeindeHOFtheater" durch die Stadt. 500 Gemeindehöfe galt es im Vorfeld zu bereisen und nach ihrer Straßentheatertauglichkeit zu überprüfen. So wurde etwa darauf geachtet, ob der Wagen überhaupt in den Hof einfahren konnte oder wie die Akustik war – erst in späteren Jahren konnte sich das GemeindeHOFtheater eine Tonanlage zur Verstärkung leisten. Es kamen ja auch die Geräusche des Umfeldes zum Tragen. Man musste darauf achten, ob vielleicht eine Straßenbahn vorbeifahren würde und wie laut der Straßenlärm war. Obwohl das erste Mal mit dieser Form von Theater konfrontiert, gelang es Macher, diese Höfe so gründlich auszusuchen, dass über die Jahre nur wenig Höfe gewechselt werden mussten oder dazugekommen sind, die Basis von 1980 ist gleich geblieben. Didi Macher erinnert sich:

99 Wir waren schon getragen von einer liberalen Art, mit der Kreisky versucht hat, etwas zu schaffen. Ein Zeitgeist, in dem jeder aktiv daran beteiligt sein wollte – und das waren nicht nur Künstler. Es gab so viele Initiativen. Von dieser Art, wie politisch gedacht wurde und Weichen gestellt wurden. Was nicht heißt, dass wir nicht auch sehr kämpfen mussten. Wir haben oft bittere Not gehabt, und die ersten Jahre waren reine Selbstausbeutung. 66

Die Grundidee ist also der des Salzburger Straßentheaters sehr ähnlich. Das Theater zu den Menschen zu bringen, steht auch hier im Mittelpunkt. Auch in Salzburg wird zum Teil ein Publikum angesprochen, das in der restlichen Zeit des Jahres nichts oder nur sehr wenig mit Theater zu tun hat und etablierte Häuser eher meidet. Der eigentliche inhaltliche Unterschied zwischen Schuhs Pawlatschen und Machers Unternehmen liegt im Spielplan und in der Dramaturgie. In Wien waren es aktuelle, wilde und anarchische Stücke, die vor allem in der Presse Kontroversen auslösten. Die Stücke von Dario Fo wirkten bei einer Wanderbühne natürlicher, war viel schärfer und richtiger aufgehoben als in etablierten Theaterhäusern, weil sich das Publikum in den Geschichten erkannt hat.

99 Bei uns waren alle betroffen, erklärt Didi Macher. Einerseits die Leute in den Gemeindehöfen und dann aber war auch ganz

wichtig, dass wir in Betriebe gegangen sind. Da war natürlich der Inhalt, der unbeschreiblich aufgenommen wurde. Zum Beispiel bei „Bezahlt wird nicht", mit dem wir angefangen haben: Da haben die Arbeiter ganz genau gerechnet, über wie viel Arbeitsstunden „Giovanni" und „Luigi" da auf der Bühne reden. Und da kamen da Reaktionen wie: „Die haben in Italien noch das und das, bei uns ist das schon anders, die arbeiten ja viel länger […]." Das war ihr Leben.❞

So gab es dann zum Beispiel von der Firmenleitung von Waagner-Biró her kein Interesse für ein weiteres Gastspiel des Fo-Theaters mehr, nachdem die Vorstellung von „Bezahlt wird nicht!" vor ungefähr 800 Belegschaftsmitgliedern dermaßen gut ankam, dass es laut Didi Macher zu folgenden Reaktionen der Arbeiter kam:

❝ Wenn ich das Stück vor der Betriebsversammlung gesehen hätte, hätte ich meinen Mund aufgemacht. […] Jetzt wüsste ich, was ich sagen hätt' müssen.❞

Dieser Erfolg bestätigt auch die Entscheidung, die Stücke in ihren Originalsituationen zu belassen.

❝ Natürlich war zuerst auch die Überlegung, die Stücke auf Wiener Situationen umzuschreiben. Aber ich hab es im Volkstheater gesehen, wo sie das versucht haben – auch mit Dialekt – und es total schiefgegangen ist. Es hat seine Schärfe nur von der genauen Beschreibung der Personen, des Orts, der Zeit und den gesellschaftlichen Gegebenheiten. Und sonst verliert es und stimmt nicht mehr. Eines war sehr spannend: Wir haben es natürlich gehofft, aber wissen konnten wir es nicht, dass die typischen Commedia-Einlagen in den Stücken hier in Wien funktionieren, als ob ein unterirdischer Strom vom Volkstheater durch die Jahrhunderte fließen würde. Theatergeschichtlich stimmt es ja auch und es war überhaupt nicht exotisch. ❞

Didi Machers Meinung waren allerdings nicht alle.

❞ Blickt man im Freien rundum, erkennt man die Adressaten für dieses falsche Volkstheater inmitten der Zufallsgäste. Nur eine winzige Elite Politisierter mit Einblick in die italienische Innenpolitik kann wirklich begreifen. [...] Die Art Terrorismus, die Dario Fo in seiner virtuosen Szenenkonstruktion verhandeln lässt – er kritisiert die falsche Taktik der Brigade Rosse – war nie ein wirklich österreichischer und ist längst ausgestanden. Warum, Herr Stadtrat Zilk, schickt die Stadt Wien ausgerechnet solchen Problemimport durch die Randbezirke, wenn sie an Thalias Busen kostenlos (also auf Steuerkosten) jene nähren will, die Sie als immobil und kulturelle Versorgungsfälle ansehen?❝ (Hans Haider in der Presse, 25. Mai 1982)

Welche Form muss man sich beim GemeindeHOFtheater vorstellen? Mitbegründer Ulf Birbaumer beschreibt dieses spezielle Theater in einem Artikel der Zeitschrift „Maske und Kothurn" 1987 folgendermaßen:

❞ Produziert wird in einem organisatorischen Naheverhältnis zu den Wiener Festwochen. [...] Finanziert wird das Unternehmen in der Hauptsache von den Festwochen, vom Kulturamt der Stadt Wien und dem Bundesministerium für Unterricht und Kunst. Probiert wurde in alternativen Kulturhäusern wie dem Dramatischen Zentrum oder dem so genannten WUK in der Währingerstraße sowie in einem Depot in Liesing bzw. mit dem Bühnenbus überhaupt im Freien. [...] Die Pawlatschen aus so genannten Klick-Bühnenelementen bzw. der Bühnenbus, später der so genannte Bühnenwagen als Anhänger, wird an den Spielstätten nachmittags aufgebaut. Der Eintritt ist frei – Gewinnmöglichkeiten gibt es für das Fo-Theater somit keine. Da bereits am Nachmittag mit dem Aufbau der Bühne begonnen wird, wirbt das Theater in nicht geringem Ausmaß für sich selbst. Mundpropaganda spielt außerdem eine wichtige Rolle.❝

In einer Saison wurde 30–35 Mal gespielt, meistens ohne spielfreien Tag dazwischen. Eine Aufführung am Tag, die Stücke waren in Originallänge, circa 90 Minuten. Für das Publikum wurde für Sitzmöglichkeiten gesorgt, in einem LKW wurden Bierbänke in die Höfe gebracht. Didi Macher erinnert sich genau daran, weil es so besonders war:

❞ Am 24. Juni haben wir im Karl Marx Hof gespielt und da waren 1500–1700 Menschen. Otto Tausig hat es inszeniert und ich hab eine kleine Rolle gespielt. Einmal stehen wir hinter der Bühne und sehen diese vielen Leute und der Hof war erfüllt von diesem schönen Lachen, dieses offene Lachen. So wie Franca Rame sagt, sie zitiert da glaube ich Molière: Es öffnet sich nicht nur der Mund beim Lachen, sondern das Gehirn. Diese Art von Wärme und das Lachen und die Lindenblüten, die geduftet haben – das war so betörend. Aber wir waren so erschöpft, wir konnten es nicht fassen, aber Otto hat da zu mir gesagt: ich bin zu müde, um mich richtig zu freuen. Ich kann nur staunen und brächte jetzt nicht mehr einen Sprung zustande.❝

Das Publikum war – auch das überraschte die Veranstalter – sehr gemischt. Wie selbstverständlich saßen Menschen unterschiedlicher Berufe und sozialer Schichten auf den Bänken vor dem Theaterwagen nebeneinander. Das Interesse an der neuen alten Theaterform aktuellen Inhalts war bei Insidern genauso groß wie bei den Theaterneulingen der Gemeindehöfe. Ein nicht einkalkulierbares Moment aber waren vor allem die Kinder. Didi Macher sagt dazu:

❞ Aber natürlich wurden wir vor allem im ersten Jahr von einigen Dingen überrascht. Womit wir überhaupt nicht gerechnet haben, waren die Kinder. Sie waren auf der einen Seite natürlich total witzig und belebend, auf der anderen Seite aber auch große Störenfriede. Ich hab ein total ambivalentes Verhältnis zu den Kleinen gehabt. Die Ersten, die da waren, wenn wir in einen Hof gekommen sind, waren die Kinder. Und man muss ja so aufpassen: Die erklimmen die Bühne im Übermut und nehmen manchmal sogar Requisiten, weil sie ja nicht wissen, wie wichtig die sind und dass man unter Umständen gar nicht mehr weiterspielen kann. Sie waren immer begeistert, aber sie waren auch ein harter Brocken. Die sind vor allem in den ersten Reihen gesessen – vorrangig am Boden. Da war vor uns zuerst immer eine Wand von hundert Kindern. Sie haben aber natürlich auch ihre Eltern geholt.❞

Schon in den beiden ersten Jahren gelang es dem Gemeinde-HOFtheater mit der Farce „Bezahlt wird nicht" insgesamt 25.000 Zuschauer in Betriebe oder auf Gemeindebauplätze zu locken. Überwältigt von den Reaktionen der Zuschauer war das Ensemble angenehm überrascht, wie sehr das Publikum in das Erlebnis Theater hineingekippt war, und das ist laut Macher über die Jahre so geblieben. Die Reaktionen haben sich nicht verändert, aber die Struktur und Zusammensetzung der Zuschauer schon.

❝ Am Anfang war – das hat den Tausig furchtbar gestört, mich überhaupt nicht – 2/3 „Szene". Aus den Höfen kamen sie nur ganz vorsichtig. Oft sind sie auf ihren Balkonen gestanden und haben zugeschaut, sind aber nicht runtergekommen. Die sind aber dann zum Stammpublikum geworden. Im Lauf der Jahre war es für die „Szene" nicht mehr spannend, aber dafür kamen die Menschen aus den Höfen.❞

Dennoch fanden die Schauspieler diese echte und direkte Art der Reaktionen scheinbar besonders reizvoll. Es gab einen Stamm von Schauspielern, ein Kernensemble, und je nach Stück wurden Leute dazuengagiert. Das war Erni Mangold, Nicola Filippelli, Peter Faerber, Herwig Seeböck und viele mehr. Sie alle waren dem Publikum durch das Fernsehen und andere Aktivitäten bekannt. Es gab auch immer Jungschauspieler, die das erste Mal überhaupt gespielt haben.

Das GemeindeHOFtheater sahen die Gründer als „wienerischen Hyde Park Corner". Für diese spezielle Funktion hieß es, eine alte Tradition wirksam und effektvoll mit den Mitteln heutiger Unterhaltung wiederzubeleben: die Tradition des Theaterschreibers, des Dramatikers, der für ein bestimmtes Theater, für ein bestimmtes Schauspielerensemble eine maßgeschneiderte Vorlage schreibt. Heinz Unger war einer dieser Autoren.

99 „Die Senkrechtstarter" handelte von Schrebergärtnern und Politikern, erzählt Didi Macher. Die Wirklichkeit hat das Stück eingeholt. Zu dieser Zeit wurde im Gemeinderat die Schleifung der Schrebergärten auf der Schmelz beschlossen und es kam dort ein großes Einkaufszentrum mit Tiefgarage hin. Es gab Bürgerinitiativen im 15. und 16. Bezirk und plötzlich war das das Stück dieser Bezirke. Eine besondere Vorstellung von den Reaktionen her war in Ottakring – also auch ein betroffener Bezirk, im Gasthaus Fink, ein Gasthausgarten mit sehr viel Publikum. Adolf Lukan spielte diesen Bezirkskaiser – vom Kostüm her war alles übertrieben stilisiert, also er hatte so eine Art Steireranzug an. Und will im Stück erklären, wie das Penthouse ist, in dem er wohnen will: Da bin ich ja dann mitten unter euch! Und die Leute haben gerufen: ja, aber über uns bist du! Und wir sind unten bei den Mistkübeln. Er will noch erklären, wie gut er das politisch gemeint hat, aber da hatten die Leute schon so einen Zorn auf ihn, dass sie ihn weggepfiffen haben, er konnte seinen Text nicht sprechen, so stark hat das Publikum reagiert. Sie haben ihn von der Bühne gefegt wie im Kasperltheater das Krokodil!66

In den ersten beiden Jahren waren die Geldgeber die Bezirksfestwochen. Das war eine schwierige Konstellation für alle Beteiligten, einige Bezirksvorsteher haben diese Theaterform, teilweise aufgrund der kulturpolitischen Brisanz der Stücke, gefürchtet und deshalb boykottiert. Einfacher wurde es, als sich Ursula Pasterk in ihrer Funktion als Kulturstadträtin einschaltete. So wurde das GemeindeHOFtheater ein fixer Bestandteil der Wiener Festwochen mit einem ebenso fixen Budget. Der zweite Geldgeber war das Unterrichtsministerium. Vor allem – aber nicht nur – Dario Fo wurde am GemeindeHOFtheater gespielt. Neben dem bereits erwähnten Heinz Unger wurde auch Peter Turrini nicht nur gespielt, er hat auch selbst mitgewirkt. Er erinnert sich noch lebhaft an so manch unerwartete Begegnung im Zuge dieser Theaterarbeit und hat – offenbar sehr beeindruckt über seine Erfahrungen mit dem GemeindeHOFtheater – in seinem Buch: „Liebe Mörder! Von der Gegenwart, dem Theater und vom lieben Gott" einige Erinnerungen festgehalten.

🙶 Zwei Frühsommer lang bin ich mit dem Dario Fo-Theater durch die Innenhöfe der Wiener Gemeindebauten gezogen. Seit 20 Jahren lebe ich in dieser Stadt, aber so ist sie mir noch nie erschienen. Wir spielten Theater, und wir erlebten Theater: Den alten, in der Einsamkeit verrückt gewordenen Pensionisten, der seinen Fernseher während unserer abendlichen Vorstellung nicht leiser drehen wollte, weil er darauf beharrte, dass es jetzt nicht acht Uhr abends, sondern acht Uhr morgen sei; die jugoslawischen und türkischen Kinder, die ihr Fußballspiel auf der Bühne fortsetzen und die erst in der Mitte des ersten Aktes begannen, der ihnen noch fremden Sprache zuzuhören; die geistesgegenwärtige Fortsetzung unseres Spieles an einem offenen Fenster, nachdem zwei Darstellerinnen vom Hausmeister irrtümlich in eine Wohnung eingesperrt wurden; die pietätvolle Unterbrechung unserer Komödie, weil gerade ein Sarg aus einer Gemeindebauwohnung getragen wird; die Rocker in der Großfeldsiedlung, die auf die Bühne sprangen, um ihr eigenes Stück zu spielen, und immer das Hervortreten der sozialen Wirklichkeit hinter den offiziellen sozialistischen Schönfärbungen: grölende Trunkenheit, anstehende Delogierungen, zerstörte Gesichter, beschmierte Hauswände. Die Menschen in den Gemeindehöfen haben mein Stück „Die Wirtin" angenommen, manchmal skeptisch, manchmal still, oft mit Freude. Trotzdem habe ich mir immer wieder gedacht, das ist nicht „ihr" Stück. „Ihr" Stück spielt sich vor uns ab. Man müsste es nur noch auf die Bühne bringen.🙷

Zahlreiche Aufführungen führten das Fo-Theater übrigens auch nach Nieder- und Oberösterreich, in die Steiermark, das Burgenland und nach Kärnten. Weiters rollte der Wagen auch über die Grenzen nach Ungarn und in die ehemalige DDR.

Im ersten Jahr organisierte Didi Macher ein Bühnengestell, das auf einem Lastwagen transportiert wurde. Aber der Auf- und Abbau dauerte zu lang und war von den Kosten her ernorm, sodass man nach Alternativen suchte. Als das Unternehmen dann Bestandteil der Festwochen wurde, wurde dem Verein ein alter ausrangierter Bus zur Verfügung gestellt, der an der Seite ausgefahren werden konnte. Aber auch diese Variante war nicht das Optimale für das GemeindeHOFtheater: Erstens war der Bus sehr lang, was eine lange Spielfläche mit fast gar keiner Tiefe bedeutete – und die häufig anfallenden Reparaturen konnten nur von Fachleuten der ÖBB vorgenommen werden – was auch wieder einen erheblichen Kostenpunkt darstellte. Gerade zu der Zeit, als der Bus bei einer Deutschland-Tournee endgültig kaputtging, lernte Didi Macher bei einer Demonstration in Hainburg den Geschäftsführer einer Filmfirma kennen.

99 Ich hab ihm von unserem Theater erzählt und er wollte sofort mitmachen. Wir haben uns dann später im Caféhaus in Wien getroffen. Das war auch die Zeit, wo jeder gern Initiativen ergriffen hat und es hat sich so gefügt, dass er Tischler kannte, die uns unseren Bühnenwagen so gebaut haben, wie wir uns das von Anfang an vorgestellt hatten. Wir haben vom Unterrichtsministerium das Geld dafür gekriegt. Diese Tischler wollten auch beim Theater dabei sein und mitfahren, die kannten den Wagen natürlich aus dem Effeff und haben ihn geliebt. Die waren von ihrer eigenen Arbeit so begeistert. Einmal habe ich einen der Tischler sogar erwischt, wie er den Wagen abbusselt – und das war kein Softie, sondern ein gestandener Mann. 66

Aber auch das gehört eben zu einem erfolgreichen Unternehmen – dass man zur richtigen Zeit Gleichgesinnte trifft und für die Sache begeistern kann. Denn auch bei einem in so eine einigermaßen stabile Veranstaltung wie den Wiener Festwochen eingebundenen Unternehmen war Geld immer ein Thema. Eines war von Anfang an – wie auch in Salzburg – klar: Man würde bei freiem Eintritt spielen.

Bezahlt wird nicht!, Foto ©Didi Macher, 1981

❞ Wir sind nur ein- oder zweimal sammeln gegangen, erklärt Didi Macher, weil uns etwas kaputt gegangen ist und einfach überhaupt kein Geld dafür da war. Es war für mich irgendwie unglaublich, dass sie uns von einem Jahr aufs andere hängen gelassen haben. Man musste das ja immer weit im Voraus planen. Eines Tages ging es dann trotz des Erfolges nicht mehr – und zwar weder im Ministerium noch bei den Festwochen. Wir haben von 1980 bis 1995 gespielt, jedes Jahr. Ein einziges Jahr haben wir das Geld für die „Offenen Zweierbeziehung" gebraucht, die Wolfgang Gasser und ich im Museumsquartier gespielt haben. Damals war das ja noch nicht so schön wie heute und die Heizung hat uns ein Vermögen gekostet. Wir haben im Jänner und Februar gespielt. Und diese Frauendramolette von Franca Rame sind für die Pawlatschen unpassend, sie sind zwar komisch, aber poetischer und stiller als die Stücke von Fo. ❝

Hier wird die zweite Produktionsweise des Fo-Theaters erkenntlich: In einem Haus wird eine kleine Produktion erstellt, die dann auch für Gastspiele allerorten geeignet ist. Auf diese Weise entstanden die szenischen Monologe von Franca Rame und Dario Fo zur Frauensituation unter dem Titel „Nur Kinder, Küche, Kirche" im Künstlerhaus, „Offene Zweierbeziehung" im Messepalast, „Ein Tag wie jeder andere" in der Drachengasse.

Von 1980 bis 1995 also spielte das „Fo-Theater in den Arbeiterbezirken, Wien" Stücke von Peter Turrini, Heinz Unger, Jura Soyfer, Nazim Hikmet und vor allem natürlich von seinem Namensgeber Dario Fo. Die Zuschauerzahlen schwankten pro Vorstellung zwischen 250 und 1700 Menschen – und das, obwohl sich die Bewerbung auf Plakatierungen vor Ort und Mundpropaganda beschränkte. Aber die Bedingungen wurden zunehmend schlechter. Didi Macher schreibt in dem Artikel „GemeindeHOFtheater – Komödianten zwischen Lorbeerbaum und Bettelstab" 1992:

💬 Natürlich entstanden Bürgerinitiativen, die zu unseren Aufführungen mit ihren Transparenten und Unterschriftenlisten kamen. Rüge „von ganz oben" für uns. Nicht nur Bezirksräte und Bezirksvorsteher, sondern eben auch der Bezirkskaiser schalteten sich ein: Auftrittsverbot in den Gemeindehöfen des 15. Bezirkes in den folgenden Jahren, Spielverbot für Jura Soyfers „Weltuntergang" 1989 und 1990. Die verfehlte Bezirkspolitik der SPÖ hatte und hat auch für uns schlimme Folgen: Gemeindebauten wie das Schöpfwerk in Meidling, die Rennbahngründe im 22. Bezirk, die Großfeldsiedlung, die Per-Albin-Hansson-Siedlung wurden binnen weniger Jahre unbespielbar. Die arbeitslosen Jugendlichen reagierten unter Einfluß von Alkohol und Drogen mit Aggressionen; inzwischen sind sie zum Teil als Skins in Banden organisiert, sodass sich die Bewohner des Gemeindebaus nicht mehr getrauen, in ihren eigenen Hof zu gehen. Andere singen Nazi-Lieder, schmettern Ausländer-raus-Parolen oder lassen ihre Mopeds und Motorräder aufheulen [...].
Unser Theater, das auf das Wort als wichtigsten Inhaltsträger angewiesen ist, ist da sinn- und chancenlos. Die Zeichen kamen früh.

Trotz jahrelanger Hinweise an die zuständigen Politiker geschah nichts, wurden keine konstruktiven Gegenstrategien versucht. Inzwischen sind die Zustände so schlimm, dass wir mit unserem Thespiskarren auf verlorenen Rädern rollen.❞

Aber nicht nur die Zustände an den Spielorten selbst machten den Veranstaltern zu schaffen, wie Didi Macher darlegt:

❞ Fünfzehn Jahre waren lang genug, ich wollte schon früher aufhören und hab mir so sehr gewünscht, dass ich jemanden finde, der das nach mir macht. Es wurde halt mit dem Geld immer schwieriger. Und ich war mir dann zu stolz dafür, so weiterzumachen. Es war unerträglich: diese Bittgänge, dieser Hohn, der einem da entgegenschlug. Wir hatten ein Buch, in dem sich alle Zuschauer eingetragen haben, die über den Spielplan et cetera verständigt werden wollten. Das haben wir leider verloren, weil ich denen gerne einen Brief mit einer Erklärung geschrieben hätte.❞

Und die Presse? Heinz Sichrovsky schreibt in der Arbeiter-Zeitung vom 21. Mai 1982:

❞ Karl Paryla hat inszeniert. Großartig. In rasendem Tempo und doch mit perfekt placierten Pointen, mit Einfällen, die einem die Tränen des Vergnügens in die Augen treiben. Paryla überrascht, attackiert pausenlos mit Gags, die nie zum Selbstzweck werden. Peter Kabosch hat ihm eine schlichte, knallbunte Pawlatschen gebaut. Und welch eine Besetzung ist da am Werk! Otto Tausig brilliert in der Doppelrolle. Ein Komödiant wie wenige, einer, der seine atemberaubende Mimik nie aus der Kontrolle verliert, eine Gestalt von fulminanter Komik und tiefer Tragik. Seine Partner Lilly Schmuck, Didi Macher, Erni Mangold, Peter Ertelt und Anton Duschek erweisen ihm durch hochprofessionelle Unauffälligkeit die Reverenz.❞

Im Kurier war man einen Tag zuvor nur teilweise freundlich gestimmt.

❥❥ Als das „GemeindeHOFtheater" alias „Fo-Theater in den Arbeiterbezirken" bei den Wiener Festwochen 1980 Dario Fos Komödie „Bezahlt wird nicht" spielte, zollte ich Autor, Stück und Inszenierung Beifall. Heuer spielt das Fo-Theater ein „brandneues Stück" mit dem Titel „Hohn der Angst", und ich zolle nicht. Erstens besitzt diese „Farce über die Entführung einer hochgestellten Persönlichkeit" etliche dramaturgische Mängel, zweitens werden diese Mängel in Karl Parylas grobsinniger (und offenbar mit linker Hand produzierten) Inszenierung nicht vertuscht, sondern zur Schau gestellt, und drittens hab' ich was gegen Dario Fo. Er macht sich's zu einfach. Er wählt ein aktuelles, kompliziertes Thema, simplifiziert die Tatbestände, führt alle böse Wirkungen auf kapitalistische Ursachen zurück, weist den sicheren Weg in eine glückliche Zukunft, kurz, er schreibt moderne Volkstücke auf populärkommunistischer Basis. [...] Vor Peter Kaboschs plakativem Bühnenbild sorgen Otto Tausig (als doppelter Antonio) und Lilly Schmuck (Rosa) hie und da für Heiterkeit; die übrigen Akteure für Langeweile. ❦❦

Auf eine negative Kritik von Hans Haider in der Presse, der sich über „Falsche Versorgung" auslässt, reagiert Didi Macher so:

❥❥ Aber es war egal: Wir haben die Massen gehabt und den Jubel. Wenn man weiß, wofür man etwas macht, wird die Kritik unwichtig. ❦❦

Innsbrucker Straßentheaterwagen, Foto Innsbrucker Immobilien Service GmbH, 2010

„Es wird gelacht, geschmunzelt und nachgedacht"
Das Innsbrucker Straßentheater

Im Jahr 1987 verkaufte die Salzburger Kulturvereinigung ihren alten Straßentheaterwagen an die Stadt Innsbruck. Dort wurde schon lang von der Idee gesprochen, im Sommer ein Straßentheater im traditionellen Sinn der Commedia dell'Arte zu veranstalten. Der Wagen wurde adaptiert, den TÜV-Anforderungen angepasst und bietet seit 1989 die Plattform für Straßentheater in Innsbruck. Der Aufwand ist allerdings bedeutend geringer als in Salzburg. Der Wagen ist im Wesentlichen so geblieben, wie er in Salzburg war. Es gibt ein Basisbühnenbild im Stil der Commedia dell'Arte. Lediglich ein Vorhang wird dem jeweiligen Stück in seiner Gestaltung angepasst. Dazu kommen einzelne Requisiten und Kostüme, die eine Leihgabe des Innsbrucker Landestheaters sind. Der Veranstalter – das Kulturamt der Stadt Innsbruck – ist alleiniger Geldgeber.

Meistens im Juni und Juli werden an zwanzig Orten in der Stadt etwa einstündige Aufführungen geboten, Beginn ist immer um 18.00 Uhr. Ein Traktor bringt den Wagen vor Ort. Im Kulturamt beziffert man das Publikum pro Vorstellung mit rund hundert Menschen, das macht pro Saison circa 2000 Besucher. Bei Schlechtwetter wird die Vorstellung ersatzlos gestrichen. Allerdings ist das bisher nur selten vorgekommen.

„Die Gewitter sind gnädig mit uns. Entweder sind sie vor 18.00 oder nach 19.00 – also nach dem Ende der Vorstellung", meint der im Kulturamt für das Straßentheater zuständige Horst Burmann.

In Innsbruck ist Nestroy ein wichtiger Bestandteil des Spielplans. „Frühere Verhältnisse" ist hier sehr beliebt und erweist sich – wie auch in Salzburg – als wahrer Straßentheaterklassiker. 2003 stand „Nestroy mal drei" auf dem Programm:

💬 Mobile Theaterproduktionen gehören seit nunmehr vierzehn Jahren zum sommerlichen Kulturleben in Innsbruck. Seit drei Jahren bespielen Kammerschauspieler Helmut Wlasak und seine Crew in Zusammenarbeit mit dem städtischen Kulturamt die Plätze der Stadt [...]. Auf dem Programm steht – wie könnte es auch anders sein – natürlich wieder Nestroy. Der Meister der Sprachkunst und des Wortwitzes kommt sowohl bei Einheimischen als auch bei Gästen unheimlich gut an. Seine Stücke sind, was das Szenische betrifft anspruchslos und damit besonders gut für den Theaterwagen der Stadt geeignet. Nach dem Erfolg mit dem Stück „Frühere Verhältnisse" steht bei den diesjährigen Aufführungen ein Nestroy-Potpourri mit Szenen aus „Lumpazivagabundus", dem „Zerrissenen" und dem „Mädl aus der Vorstadt" im Mittelpunkt. Auch heuer wird das Publikum in gewohnt engagierter Weise in das Stück eingebunden, sodass die Theatervorführung zum kurzweiligen Erlebnis wird, bei dem gelacht werden darf.❞ (Österreich Journal, 25. Juni 2003)

Wegen des Erfolgs im Vorjahr gibt es 2004 eine Wiederholung dieser Inszenierung.

❝ Nestroy'sche Situationskomik, ironische Lieder sowie sprachliche und gestische Doppeldeutigkeit – das war bereits in den letzten Jahren die Rezeptur für die heiteren Minuten, die das Innsbrucker Straßentheater seinen Zuschauern unter freiem Sommerhimmel bereitet. Es wird gelacht, geschmunzelt und nachgedacht. [...] Der „österreichische Shakespeare" brachte zu Lebzeiten das Wiener Volkstheater zu einer nie wieder erreichten Blüte. Und mehr als 150 Jahre nach Biedermeier und Vormärz hält er uns als seinem Publikum noch immer den Spiegel vor – und so wird gelacht, geschmunzelt und nachgedacht ... 14 mal Nestroy x 3 mit dem Innsbrucker Straßentheater: 14 Sommerabende mit Unterhaltungsgarantie.❞ (Ankündigung auf der Homepage des Innsbrucker Theatersommers 2004).

Aber auch zeitgenössisches Theater wird hier gespielt. So wird der Wagen auch „verborgt", wie zum Beispiel im Jahr 2000, als sich unter dem Titel „Spiegelbilder" das Innsbrucker Stadttheater präsentiert. 1999 gab es „Mitbürger! Freunde! Innsbrucker! Eine Straßenrevue" der Schauspielschule Schauspielforum Tirol. 1998 bekamen die Innsbrucker „Der Betrogene" nach Molière wieder in einer Eigenproduktion des Straßentheaters zu sehen. Darüber hinaus wird der Wagen auch für Adventkonzerte am Weihnachtsmarkt ausgeliehen.

Von 2001 bis 2007 war Helmut Wlasak – ehemaliger Intendant des Landestheaters Innsbruck – der künstlerische Leiter. 2008 hat das Westbahntheater die Veranstaltung übernommen und ein Auftragswerk auf die Bühne des Innsbrucker Straßentheaters gebracht Im Pressearchiv auf der Homepage der Stadt Innsbruck bringt es folgende Kritik genau auf den Punkt:

99 „Brautball" […] kehrt zu den Ursprüngen des Straßentheaters zurück und zwar in Form der Commedia dell'Arte nach italienischem Muster, erzählt und umgesetzt mit den Mitteln des modernen Theaters […] Genau wie das Innsbrucker Straßentheater wogen die Commedia dell'Arte Ensembles mit ihrem Wagen von Platz zu Platz. Von Anfang an bewunderte das Publikum bei den Darstellern der Commedia ihr Timing, ihre Natürlichkeit, ihre Fantasie, ihre Musikalität und ihre zauberhafte Geschicklichkeit, das Publikum zum Lachen zu bringen. 66

Oscar Fritz Schuh, Ausschnitt photoscope, 1983

3.
„Mit mir wird man es immer schwer haben"

**Oscar Fritz Schuh –
der Mann hinter der Idee des Salzburger Straßentheaters**

❯❯ Von Oscar Fritz Schuh gibt es keine Anekdoten. Wenn in einer Runde von Theaterfreunden die Namen Fritz Kortner, Gustaf Gründgens oder Wieland Wagner fallen, ist sofort das schönste Geschichten-Erzählen im Gang: Weiß jeder ein Histörchen oder ein Bonmot, da wird die Berühmtheit vor den freundlichen Zerrspiegel ihrer Eigenheiten und Schwächen gehalten, auf daß ihre Größe um so ungebrochener, um so leuchtender vor Augen trete. Wenn man den Namen Oscar Fritz Schuh nennt, fällt selbst alten Theaterhasen keine Skandalgeschichte, kein sarkastischer Ausspruch ein. ❮❮
So steht es in Franz Willnauers „Portrait eines Theatermannes". Es ist Teil des Buches, das er mit Oscar Fritz Schuh über die „Bühne als geistiger Raum" geschrieben hat.

Was zu seinen Lebzeiten eine ungewöhnliche Ausnahme war, macht es heute nahezu unmöglich, Informationen zu erhalten. Oscar Fritz Schuh ist nur noch sehr wenigen Kulturmenschen ein Begriff. Dabei verdankt die Musiktheaterwelt ihm einiges. Nicht zuletzt hat der über 60 Jahre gefragte Regisseur des Musik- und Sprechtheaters das Salzburger Straßentheater gegründet, das sich heute wie auch schon vor mittlerweile 40 Jahren großer Beliebtheit erfreut. Franz Willnauer führt weiter aus:

❞ Oscar Fritz Schuh ist eigentlich immer schon in der ersten Reihe gewesen; will man seinen frühesten vollgültigen Regiearbeiten auf die Spur kommen, so muß man schon bis in die Anfangszeit seiner Tätigkeit als Oberspielleiter der Wiener Staatsoper, bis an den Beginn der vierziger Jahre zurückdenken. Daß der Qualitäts-Pegel eines schöpferischen Menschen zwei Jahrzehnte lang eine konstante Höhe anzeigt, läßt sich freilich nicht nur aus Veranlagung und Begabung erklären; dazu gehört überdies eine gute Portion handwerklichen Könnens. Und hier ist wohl auch der tiefste Grund für die ganz unsensationelle Laufbahn dieses Theatermannes, für die fast selbstverständliche Reinheit und Richtigkeit seiner Arbeiten zu finden: Oscar Fritz Schuh hat eben sein Metier gelernt. ❞

Dieser erklärt seine Affinität zum Theater folgendermaßen:

❞ Ich glaube an die Unsterblichkeit des Theaters, und zugleich glaube ich, dass das Theater eine transitorische Kunst ist. In keiner Kunstgattung ist der Wechsel so spürbar [...]. Das Theater kann erschüttern, unterhalten, belehren, erheitern. All das soll es auch. Eine seiner Funktionen aber seit Jahrtausenden war und ist es, zu warnen vor dem, was uns in der Gegenwart beschädigt und vor dem, was drohend auf uns zukommt. Die Bühne ist der Ort, an dem wir solche Warnungen zur Kenntnis nehmen. ❞

Oscar Fritz Schuh wird am 15. Jänner 1904 in München als Sohn eines Tierarztes und einer Gastronomentochter geboren. Die Eltern hätten sein Talent fürs Theater sehr früh entdeckt und auch stark gefördert, schreibt Schuh in seiner Autobiografie „So war es – war es so?", er selbst habe bereits mit drei Jahren gewusst, was er später machen würde.

❞ Als ich drei Jahre alt war, durfte ich zum ersten Mal ein Weihnachtsmärchen besuchen. Ich erinnere mich noch heute an diese Aufführung und daran, dass es weniger das Stück war, das mich faszinierte, als seine Realisierung. Dass da ziehende Wolken, Sonne, Mond und Sterne gezeigt wurden, dass sich die Bühne blitzschnell aus einem Wald in ein Schloß verwandelte – das hat meine Phantasie angeregt. Am Schluß der Aufführung fragte ich meine Eltern: „Wer hat das alles gemacht?" Meine Mutter antwortete: „Der Regisseur." Da wusste ich, welchen Beruf ich später einmal ergreifen würde.❞

Zweifellos prägte das Theatralische Schuhs Kindheit maßgeblich: sein Marionettentheater, in dem er schon mit zehn Jahren „Peer Gynt" von Ibsen aufführte, das „Straßentheater" der politischen Reden nach der Revolution 1918, das „Spektakel" der protestantischen Gottesdienste oder seine schauspielerische Tätigkeit als Vierzehnjähriger am Münchner Schauspielhaus. Nach einer bereits mit siebzehn Jahren bestandenen Matura begann Schuhs Arbeitsleben neben dem Studium der Theaterwissenschaft, Kunstgeschichte und Philosophie zunächst als Kritiker.

❝ Mit sechzehn, noch als Gymnasiast, wurde ich Theaterkorrespondent der Berliner Zeitschrift „Der Fechter". Ich habe vernichtende Urteile über das Münchner Theaterleben gefällt. Wie könnte ich mich also über junge Theaterkritiker beklagen, die heute das Gleiche tun wie ich damals.❞

An Selbstsicherheit fehlte es dem jungen Oscar Fritz Schuh nicht, als er mit neunzehn Jahren an der Bayerischen Landesbühne bei einer Aufführung in Augsburg für den erkrankten Regisseur von „Hanneles Himmelfahrt" einsprang. Vom Fleck weg wurde er daraufhin für weitere sechs Inszenierungen engagiert. Ebenfalls der Erkrankung eines Regisseurs verdankte Schuh seine erste Opernregie. Bereits mit 21 Jahren wurde er nach Osnabrück bestellt und inszenierte dort „Hoffmanns Erzählungen". Auch in diesem Bereich war er somit schon sehr früh erfolgreich:

❝ Was mich zeitweilig von der Oper Abschied nehmen ließ, ist die Tatsache, dass trotz aller Reformbestrebungen der Regie am Gesamtbild des Opernalltags sich im Grunde nichts geändert hat.

Fast ist es an kleinen Theatern noch am besten, wo eine Aufführung mit ihrer Premierenbesetzung einige Wochen auf dem Spielplan bleibt. Die großen Theater wollen alle das große Repertoire mit einem Fonds von sechzig jederzeit gebrauchsfertigen Opernaufführungen.❞

Über Darmstadt, wo er Bertolt Brecht bei den Proben zur Uraufführung von „Mann ist Mann" kennenlernte, kam Schuh nach Gera. Die Zeit dort bezeichnet er als „die wichtigste Epoche für meine Entwicklung". Vom Erbprinzen Reuß – selbst ein aufgeschlossener Theaterliebhaber – finanziert, wurde den Regisseuren in diesem Hoftheater freie Hand gelassen. Dennoch war es gerade hier, dass Schuh zum ersten Mal erfahren musste, dass man seiner Zeit nicht zu weit voraus sein darf. Seine abstrakte „Parsifal"-Inszenierung endete in einem Skandal. Wagner wurde damals noch traditionell naturalistisch in Szene gesetzt. Dennoch ließ sich Schuh nicht beirren und glaubte fest daran, mit dieser Inszenierung im Recht zu sein.

❞ Ich aber wußte, daß der „Parsifal" meine beste Inszenierung war, die einzige, die mich glauben ließ, eines Tages werde noch etwas aus mir.❞

Nach Gera kam ein Angebot unter vielen aus Prag, wo sich Schuh sehr wohl fühlte – vielleicht auch deshalb, weil Deutschsprachigen damals besonderer Respekt gezollt wurde. Da aber diese nur eine Minderheit darstellten, war die Nachfrage nach deutschsprachigen Stücken im Theater relativ gering. Bereits nach ungefähr sechs Vorstellungen hatte das gesamte Zielpublikum eine Produktion gesehen und die nächste Premiere war fällig. Die darunter leidende Qualität veranlasste Schuh, Prag nach einem Jahr wieder zu verlassen. Ein abermaliges Zeugnis für Schuhs Selbstsicherheit liefert die Anekdote seines nächsten Engagements:

❞ Als der Intendant des Leipziger Rundfunks, Ludwig Neubeck, der auch als Wagnerdirigent sehr angesehen war und mich aus meiner Geraer Zeit kannte, einmal in Prag dirigierte, erzählte ich ihm, dass die Hamburger Oper einen Regisseur suchte. Ob er mir nicht helfen könnte, die Position zu erlangen? Er wolle mich empfehlen, versprach Neubeck, der den Intendanten Albert Ruch als seinen besten Freund bezeichnete. Ich war zufrieden. Plötzlich aber, wir wollten schon auseinander gehen, überraschte mich Neubeck – er sich selbst vielleicht auch – mit der Bemerkung: „Ach was, machen wir es doch einfacher. Sie geben in meinem Namen ein Telegramm auf. Darin können Sie schreiben, was Sie wollen!" Mein Telegramm an Direktor Ruch lautete: ‚Empfehle Dir genial begabten Regisseur O.F. Schuh. Dein Ludwig Neubeck.' Ich wurde sofort engagiert.❞

Zwischen 1935 und 1939 war Schuh also in Hamburg. Eine Zeit, die er allerdings wenig mit Inszenieren verbrachte, es war eine künstlerische Verschnaufpause. Er verbrachte viel Zeit mit Lesen von zum Teil philosophischen Texten und sah zum ersten Mal seinen eigenen Aussagen zufolge, dass das Theater nicht das Maß aller Dinge war. Sehr viel Einfluss auf diese neue Sichtweise hatte die Malerin Ursula Diederich, die Schuh 1939 heiratete. Dieser damals als „bürgerlicher Makel" verrufene Schritt wurde von beiden noch über ein Jahr lang geheim gehalten.

❝ Hier in Hamburg habe ich auch geheiratet, die Malerin Ursula Diederich, und wahrscheinlich war es für meine folgende Laufbahn von äußerster Wichtigkeit, daß mir eine Anregung aus einem ganz anderen Beruf vermittelt wurde. Daß ich aus der Inzucht des Theaterlebens und aus der damit verbundenen Isolation herausgerissen wurde und Theaterdinge aus einer etwas anderen Perspektive sehen mußte als vorher.❞

1940 schließlich übersiedelte das Ehepaar nach Wien und Schuh wurde Oberregisseur an der dortigen Staatsoper. Trotz des konservativ festgefahrenen Betriebes spürte Schuh doch das Bedürfnis nach Neuem – sowohl in der Inszenierung als auch in der Ausstattung. Nach der Vertreibung der Juden, von denen viele künstlerische Impulse ausgegangen waren, wurden Menschen wie Schuh wichtig, die bereit waren, kompromisslos neue Wege zu gehen. Zu diesem Zweck holte er auch Caspar Neher nach Wien. Nicht zuletzt durch diese enge Zusammenarbeit ist in den Kriegsjahren und noch danach der neue Mozartstil entstanden, den die beiden bald darauf auch nach Salzburg bringen sollten. Schuh gehörte zu den Privilegierten, die sich die Komponisten aussuchen und so sich selbst spezialisieren konnten. Er hatte im Vertrag sogar eine Klausel, dass er nicht verpflichtet sei, Werke von Wagner und Strauss zu inszenieren!

1944 schnupperte Schuh in ein neues Metier – das des Films. Die UFA engagierte ihn für die Verfilmung von Beaumarchais „Ein toller Tag". Die Dreharbeiten in Babelsberg gestalteten sich wegen des häufigen Fliegeralarms und den von den Strapazen gezeichneten Schauspielern als wahre Geduldsprobe. Tatsächlich wurde der Film zwar fertiggestellt, kam aber dann nie in die Kinos.

Eine schwere Angina veranlasste Schuh zur Rückkehr nach Wien. Viel Glück und der Fürsorge einer Krankenschwester, die ihn heimlich mit Antibiotika versorgte, verdankte er sein Leben. In Baden, wo er seine Genesung zu beschleunigen hoffte, erlebte Schuh mit seiner Frau Ursula die Besetzung der Russen. Das Ehepaar entschloss sich zur Rückkehr nach Wien.

99 Wir fanden das Haus, in dem wir wohnten, unversehrt vor, sogar das Licht brannte. Am nächsten Vormittag, gegen zehn Uhr, läutete es an der Tür. Ein Bote der Staatsoper begrüßte mich, als wäre nichts geschehen. „Morgen um zehn Uhr ist Probe zu „Figaros Hochzeit" im Konzerthaus", richtete er aus. Es war der 15. April. Am 1. Mai hatten wir Premiere. Die Musen hatten mich wieder, 66 **erinnert er sich später in seiner Autobiografie.**

99 [...] Von 1933 an [war ich] überzeugt davon, dass das Regime Schiffbruch erleiden würde, stets darauf bedacht [...], alles zu unterlassen, was mir nach seinem Ende oder Untergang würde schaden können. 66

Nach Kriegsende folgte eine sehr kreative Zeit in Wien. Alles stand noch unter den Eindrücken und dem Schock der Kriegsjahre, es war die Zeit des Wiederfindens von Freunden – überlebt zu haben war ein Wunder. Es war auch die Zeit, in der man lernte, aus der Not eine Tugend zu machen: In Ermangelung eines Bühnenbildes inszenierte Schuh zum Beispiel „Fidelio" im Theater an der Wien 1946 auf leerer Bühne vor den Brandmauern. Aber das Publikum wusste die einzigartige Atmosphäre nicht zu schätzen: Anstatt die beeindruckende Wirkung zu sehen, bedauerte jeder den Mangel eines Bühnenbildes. Im selben Jahr kamen auch schon Angebote aus dem Ausland – zum Beispiel aus Mailand.

Ebenfalls 1946 lud Baron Puthon, Leiter der Salzburger Festspiele, Schuh zur Inszenierung von „Figaros Hochzeit" ein. Salzburg wurde damals so kurz nach dem Krieg von vielen Dirigenten, Künstlern und Kritikern gemieden, war es doch – wie Bayreuth – als Nazifestspiele missbraucht worden. Vielleicht gerade deshalb setzte Schuh gemeinsam mit Bernhard Paumgartner und Egon Hilbert alles daran, die Festspiele zu erneuern und ihnen zu neuem Ruhm zu verhelfen.

Die Opernregie, die sich im deutschsprachigen Raum in den 20er-/30er-Jahren entwickelte und in den 50ern weitergeführt wurde, sollte in Salzburg fortan auch im modernen Musiktheater Anwendung finden. Gottfried von Einem wurde zur Leitfigur, sein „Dantons Tod" war die erste Uraufführung am Beginn dieser neuen Tradition.

❥❥ Wir wußten, dass wir nicht mehr beginnen konnten, wo die Salzburger Festspiele stehengeblieben waren und sich im Sinne Hofmannsthals von 1923 bis 1938 entwickelt hatten. Wollten wir wieder Weltgeltung erlangen, mußten wir ein Gebiet einbeziehen, das vorher ausgeklammert war: das moderne Musiktheater. [...] Damals hat sich in Salzburg die Opernregie etabliert. ❦❦

Es wurde diese Idee allerdings nicht gleich mit voller Begeisterung akzeptiert. Dirigentengrößen wie Arturo Toscanini, die bis dahin „Alleinherrscher" einer Opernproduktion gewesen waren, lehnten die neuen Ansprüche an Inszenierungen zunächst völlig ab. Karl Böhm und Herbert von Karajan erkannten die neue Entwicklung und lenkten als Erste ein.

Es folgten weitere entscheidende Neuerungen. So wurde 1948 die Felsenreitschule erstmals für die Oper entdeckt, auch der Hof der Residenz wurde ab 1951 mit Oper bespielt, Orte, die aus dem heutigen Festspielprogramm nicht mehr wegzudenken sind. In diesen Anfangsjahren war Schuh fast der einzige Regisseur. So konnte er dieser Ära seinen ganz persönlichen Stempel aufdrücken.

Durch das anfängliche Fernbleiben von Dirigentengrößen hatte auch die neue Generation in Salzburg eine Chance, trat in den Vordergrund. Heinz Erich Klier, der Generalsekretär der Salzburger Kulturvereinigung, erinnert sich an diese Zeit:

99 Als Vater einer ziemlich kinderreichen Familie und mittlerer Beamter – oder höherer Beamter – habe ich es notwendig gehabt, ein zusätzliches Einkommen zu erwerben. Und deshalb haben wir, als ich Beamter war, einen Teil unserer doch größeren Wohnung, als die Kinder weg waren, vermietet. Da haben wir sehr interessante Leute kennengelernt, durch die Festspiele. Sehr berühmte Kritiker und so weiter waren hier. Aber eigentlich am längsten die beiden Schuhs – Oscar Fritz und Ursula Schuh. Das war eine sehr schöne Zeit. Oscar Fritz Schuh war ja ein sehr exponierter Künstler, sein Regietheater, von dem man noch heute spricht, wenn man es auch nicht mehr akzeptiert, und seine Aufführungen sind Geschichte geworden. Er war aber auch ein sehr komplizierter Mensch. Ich kann mich erinnern, da in dem Nebenzimmer hat er einmal als ihm die Gesellschaft, die eingeladen war, nicht behagt hat, den Stuhl umgedreht und sich mit dem Rücken zum Tisch gesetzt. Ursula hat das glänzend ausgleichen können, sie war eine wunderbare Hausfrau, hat für ihn und die Gäste immer selbst, mit großer Phantasie und großem Engagement, gekocht; hat ihn sehr unterstützt und ihm auch künstlerisch sehr viel geholfen, als Übersetzerin, als Bühnenbildnerin. Und sie hat eigentlich sehr selbstlos ihre eigene künstlerische Tätigkeit zurückgestellt. [...] Ich hab sie sehr schätzen gelernt,

es war ein ganzer Künstlerkreis, der bei uns verkehrte, durch Oscar Fritz Schuh ausgelöst. Gottfried von Einem zum Beispiel war hier und hat hier einige Lausbubenstücke aufgeführt.❝

1950 erhielt Schuh das Angebot einer Inszenierung im Theater am Kurfürstendamm in Berlin. Wieder Schauspielregie zu machen, reizte Schuh sehr, man einigte sich auf „Sechs Personen suchen einen Autor" von Luigi Pirandello. Er wollte sich in Berlin als Sprechtheaterregisseur einen Namen machen. Dabei kam ihm seine Erfahrung in der Oper zugute, für die er sich mit Gestik und Pantomime beschäftigt hatte.

❞ Den Schauspielern sagte ich, wenn sie die richtige Gestik hätten, fänden sie automatisch den richtigen Tonfall. Nie kam ich mit einem ausgearbeiteten Regiebuch zu den Proben, wie dies seit Reinhardts Tagen üblich war. Immer mußte ich erst den Schauspieler beobachten❝, schreibt Schuh in seinem Buch.

Er bezeichnete sich selbst als den einzigen Regisseur, der den Sprung von der Oper zurück zum Sprechtheater geschafft hat. Damals hatten wohl einige Theaterregisseure wie Gustav Gründgens ab und zu auch eine Oper inszeniert, aber das blieben in der Regel immer nur Ausnahmen.

Nach dem Erfolg der Pirandello-Inszenierung übernahm Schuh 1953 – gegen alle Ratschläge – die Leitung des Theaters am Kurfürstendamm. Es hatte den Ruf einer „Bruchbude", aber Schuh erkannte Berlin als aufstrebende Theaterstadt, Größen wie Brecht, Gründgens, Piscator, Müthel kehrten wieder. Und so erwies sich Schuhs Entscheidung – wieder einmal – als richtig.

❞ Ich hatte immer, ohne es je anzustreben, das Glück, Prädikate zu bekommen. So war ich der Mozart-Regisseur; jetzt, in Berlin, wurde ich der Pirandello- und der O'Neill-Regisseur. [...] Wie kam ich zu O'Neill? Er wurde nach dem Krieg in Deutschland kaum gespielt. Sein „Mond für die Beladenen" war überall abgelehnt worden. Ich brachte ihn heraus. Darüber hat sich O'Neill so sehr gefreut, dass er mir die deutschen Erstaufführungsrechte aller seiner Stücke einräumte. [...] Meine Frau Ursula bekam die Übersetzungsrechte."

Dazu Ursula Schuh in einem Radiointerview 1986:

„Das kam sehr gut an, O'Neill hat geschrieben, dass er so begeistert war von der Übersetzung. Ich hab wahnsinnig gern übersetzt. Das ist so erholsam. Beim Malen muss man ja auch noch was erfinden. Und wenn Sie den Text schon vor sich haben wie eine Partitur, da brauchen Sie ja nur loszuarbeiten. Ich fand das sehr schön und ich hatte auch noch das Glück, dass ich eine Wirtschafterin hatte, die konnte Schreibmaschine schreiben. Sie hat sich mir gegenüber gesetzt und hat gleich geschrieben. Und ich hab nur gesprochen. Und das ist wohl auch der Grund, warum diese Sachen so sprechbar wurden."

Dazu kam noch, dass Schuh die Wiener Publikumslieblinge Annemarie Düringer, Inge Konradi und Helmuth Lohner nach Berlin brachte, die sich alle schnell – wie zuvor schon Paula Wessely, Attila Hörbiger und Käthe Gold – auch zu Berliner Stars entwickelten.

Budgetäre Debatten und Probleme veranlassten Schuh 1958, Berlin zu verlassen. Über die Richtigkeit dieses Weges war er sich zeit seines Lebens nicht wirklich sicher. Der Weg führte ihn nach Köln, wo man ihm die Leitung der Kölner Bühnen übertrug. Sein Ziel war auch hier ambitioniert:

„Mich reizte zweierlei: einmal der große etablierte Betrieb mit drei Kunstgattungen. Ich war nicht mehr gezwungen, um jeden Pfennig zu kämpfen wie in Berlin. [...] Der eigentliche Reiz lag für mich auf einem anderen Felde: Ich wollte nicht mehr und nicht weniger, als Köln zur eigentlichen Hauptstadt der Bundesrepublik machen."

Durch eben den zuerst so reizvollen etablierten Mehrspartenbetrieb sah sich Schuh aber zu zahllosen Kompromissen gezwungen:

Pluralismus war gefordert. Publikums- und Geschmackswünsche mussten erfüllt werden, Schuh war somit nur in beschränktem Maß sein eigener Herr. Dennoch gelangen einige Meilensteine. So erlebte Luigi Nonos „Intolleranza" in Köln seine deutschsprachige Erstaufführung. In der Spielplangestaltung gelang es Schuh, eine seiner vorrangigsten Forderungen an ein Opernprogramm umzusetzen: Aufführungen wurden nur dann angesetzt, wenn die Originalbesetzung zur Verfügung stand. Außerdem verhalf er Georges Feydeau zu neuer Bekanntheit im deutschsprachigen Raum.

1962 bot man Schuh die Nachfolge Gustav Gründgens' in Hamburg am Schauspielhaus an. In dem Versuch, unter anderem seine österreichische Linie mit Schauspielern wie Peter Weck, Michael Heltau, Paula Wessely fortzusetzen, gelangen wohl ein paar sehr erfolgreiche Inszenierungen, letztendlich zählt die zweite Hamburger Ära (Schuh war von 1932 bis 1940 hier ja zum ersten Mal sehr erfolgreich tätig) nicht zu den herausragendsten in Schuhs Karriere.

99 Was meine Tätigkeit in Hamburg aber letzten Endes zum Scheitern brachte, war, dass ich dem Irrationalen in meinem Spielplan einen herausragenden Platz eingeräumt hatte, beispielsweise mit den Barlach-Inszenierungen, mit Albee, Pinter. Das lag den Hamburgern nicht. 66

Nach 1968 war Schuh freischaffender Künstler. Er arbeitete erstmals fürs Fernsehen, immer auf der Suche nach neuen Theaterformen. In dieser Zeit wurde sein Wunsch nach einem modernen Thespiskarren, den er schon 1957 den Salzburger Festspielen vorgetragen hatte, wieder stärker. 1970 endlich wurden gleich zwei Projekte verwirklicht: das Salzburger Straßentheater und das Fest in Hellbrunn – wofür noch ein Plan von Max Reinhardt existierte.

99 In den letzten Jahren neigt er sich immer mehr zum gestischen, pantomimischen Theater, zur Wanderbühne mit ihrer unmittelbaren Volkstümlichkeit. Das Prinzip des Thespiskarrens hat er in seinem Salzburger Straßentheater übernommen. In Hellbrunn pflegt

O.F. Schuh und Bundespräsident Rudolf Kirchschläger, Foto Anrather, 1976

er nicht nur das archaisierende Musikdrama im alten Steintheater, sondern auch Komödien, Kasperliaden, Zauberspiele auf beweglichem Podest. Eine Großtat noch im reifen Alter aber war die Realisation des „Sommernachtstraumes" auf den Wiesen und an den Hängen des Schloßparks. [...] So hat Schuh den Wald vor der Tür entdeckt, in dem jene Illusion sich ganz natürlich einstellt, die künstlich zu erzeugen er zeitlebens abgelehnt hat.❞ **(Prospekt zur Ausstellung „Oscar Fritz Schuh – Porträt eines Theatermannes" im Salzburger Schloss Arenberg 1979)**

Ein weiterer äußerst ambitionierter Plan, der die Idee des Straßentheaters ausbaute – eine Art Thespiskarren im Flugzeug, mit dem anspruchsvolles Theater in der ganzen Welt verbreitet werden kann, war die „Szene 71".

❝ Ich will auf Reisen gehen, nicht mit Stars, sondern mit einem festen Ensemble und einem Minimum an Dekorationen. Ich habe in den Inszenierungen, die Sie gesehen haben, versucht, aus der

O.F. Schuh mit seinen Schauspielern, Foto photoscope, 1983

mir auferlegten Sparsamkeit einen eigenen Stil zu machen. Wir durften ja nicht mehr als tausend Kilo mitnehmen, einschließlich Kulissen, Kostümen, Requisiten und Schauspielergepäck. [...] Regieführen ist in meinem Fall nicht Hinzufügen, sondern Abbauen. Was mir vorschwebt, ist ein fliegendes Wandertheater, das mit leichtem, aber deshalb nicht weniger wichtigem Gepäck reist. Unser Wohnwagen ist der Superjet. Man kann auch auf einem Handtuch Theater spielen.❞ (Schuh im Interview für „Die Welt")

Ihren organisatorischen Sitz hatte die „Szene 71" in Schweinfurt. Die Gert-von-Gontard-Stiftung, die dem internationalen Kulturaustausch dient, wobei einer der Partner in Amerika sein muss, unterstützte gemeinsam mit dem Goethe Institut die Reise der „Szene 71" in amerikanische Universitätsstädte, nach New York, Kanada und England. Auf dem Programm stand Kafkas „Prozess" und Schillers „Kabale und Liebe". Trotz des großen Erfolgs überlebte die „Szene 71" hauptsächlich aus finanziellen Gründen nur diese eine Saison.

❞ Wahrscheinlich wird man es immer schwer mit mir haben, denn schwierig werde ich wohl immer bleiben, weil ich mir ja vorgenommen habe etwas durchzusetzen, auch wenn ich mit dem, was ich durchsetzen will, heute bei manchen, wie man so schön sagt, „nicht richtig liege"❞, kokettiert Oscar Fritz Schuh in einem Artikel für den Nordpress Verlag, anlässlich seines 60. Geburtstages.

In den 70er-Jahren geriet Oscar Fritz Schuh zusehends in Vergessenheit und lebte schließlich von einer Ehrenpension, die ihm die Stadt und das Land Salzburg zukommen ließen, um den einst für diese Stadt so wichtigen Mann finanziell weiter zu unterstützen.

Bis zuletzt inszenierte er die Stücke des Salzburger Straßentheaters und des Festes in Hellbrunn. Im Gespräch mit zwei seiner letzten Regieassistentinnen – Katharina Müller-Uri und Ulrike Steppan – ist nicht mehr viel vom berüchtigten Dickkopf und unbeugsamen Theatermann zu spüren. Müller-Uri beschreibt die Arbeit mit ihm so:

❞ Im letzten Jahr hat man ihm stark angemerkt, dass alles schon anstrengend für ihn war. Immer wieder ist er eingeschlafen und hat beim Aufwachen gefragt: „Was spielen wir?" Aber selbst in dieser Situation wurde ihm immer Respekt entgegengebracht, er war professionell bis zum Schluss – das war ihm sehr wichtig. Bei jeder Vorstellung saß er in der ersten Reihe und ich neben ihm, um zu soufflieren.❞

Ulrike Steppan hat in Erinnerung, dass die Arbeit die entspannte Atmosphäre eines Sommertheaters hatte, in der Schuh seine Mannschaft sehr selbstständig arbeiten ließ und sich nur bei Grundsätzlichem eingemischt hat. In diesem Punkt gibt ihr auch der Schauspieler Robert Tillian recht. Unter Schuhs Regie hat er im Steintheater im Puppenspiel „Faust", auf einer Bretterbühne als „Kasperl in der Zauberflöte" und im „Sommernachtstraum", den Schuh im Park inszenierte, drei Sommer in Hellbrunn mitgewirkt. Er verfällt bei der Erwähnung des Regisseurs in euphorischen Lobgesang. Schuh sei ein Selfmademan gewesen, sehr großzügig, mit einem enormen Wissen; ein Regisseur, der immer hinter seinen Schauspielern gestanden ist, der es aber genauso genossen hat, zu beobachten, wie sie bei den Proben reagieren, wenn die Touristengruppen ohne Rücksicht auf Verluste zwischen ihnen durchgegangen sind. Robert Tillian erzählt außerdem, dass er beim Vorsprechen in Wiesbaden sehr verunsichert war, als Schuh ihm eine Szene vorspielte und er – da er den Regisseur noch nicht gut kannte und nicht wusste, dass dieser seit seiner Kindheit hinkte – nicht sicher war, ob er auch das Hinken nachmachen sollte; noch dazu, weil Schuh für seinen starken Hang zur Selbstironie bekannt war. Auch Tillian hat – wie Ulrike Steppan – besonders gut in Erinnerung, dass Schuh seine Leute sehr selbstständig arbeiten ließ.

Oscar Fritz Schuh schreibt in einem Manuskript mit dem Titel „Das Theater im Korsett der Konvention von gestern und heute":

❞ Bringt nur Leute zusammen, die sich von Haus aus gut verstehen, die sich über die Grammatik des Berufs, über das, was sie unter Theater, unter Schauspielkunst verstehen, einig sind […]. Die Zeit gehört den Gruppen, die Zeit gehört den Teams, der Einzelgänger hat es vergleichsweise schwirig […]. Theater ist eine Gemeinschaftsarbeit, wann wäre es je anders betrieben worden?❞

Oscar Fritz Schuh stirbt am 22. Oktober 1984 in Großgmain bei Salzburg. Nach seinem Tod kauft die Stadt von seiner Witwe den Nachlass, der im Archiv der Salzburger Festspiele lagert.

❞ Wer in Salzburg arbeitet, arbeitet für die Welt. Regionales Prestige mag etwas sehr schönes sein, wird aber gelegentlich überschätzt. Wer aber in Salzburg arbeitet, vertritt nicht nur die Interessen der Stadt und des Landes, die er sonst vertritt, sondern Salzburg hat mit Recht – und das haben ihre Gründer durchgesetzt – den Zweck in der Welt gehört zu werden und für die Welt spielen zu dürfen. Und wem dieses Kunststück gelingt, der darf, glaube ich, sehr dankbar sein, dass ihm Salzburg diese Chance gegeben hat – und diese Chance wahrgenommen zu haben, das ist, glaube ich, auch das große Glück in meinem Leben gewesen.❞

Klaus Gmeiner, Foto privat, 2004

4.
„Ich bin ein Sonntagskind"

Klaus Gmeiner: der Theater- und Hörspielregisseur, der Oscar Fritz Schuhs Idee für ein Pawlatschentheater aufgenommen und in seinem Verständnis weiterentwickelt hat

Geboren wurde Klaus Gmeiner am 12. Juni 1932 in Schwarzach bei Bregenz. Nach Absolvierung einer humanistischen Schulausbildung wünschte sich sein Vater für ihn eine kaufmännische Ausbildung. Und obwohl für den Sohn schon damals klar war, dass er einen künstlerischen Berufsweg einschlagen wollte, entsprach er dem väterlichen Wunsch.

99 Bei mir war der Einfluss vom Radio immer schon sehr stark und dann gab es auch vereinzelte Theaterbesuche in Lindau, die erste Oper, die „Zauberflöte" habe ich auch dort gesehen, den ersten „Holländer" in Innsbruck. Man kann es gar nicht schildern, woher diese Liebe gekommen ist. Ich hatte weder Verwandte oder Freunde, die mit Theater zu tun hatten, noch ein Vorbild, es war einfach da.
Ich hatte das Glück, einen Menschen kennenzulernen, der dann ganz wichtig für mich wurde: Axel Wagner, der leider schon tot ist. Er hat mir ermöglicht, bei seiner Mutter in Salzburg unterzukommen, und er hat mir gesagt: Geh nach Salzburg, dort war ich auch am Mozarteum. Und da ich damals etwas geerbt hatte, konnte ich mir die drei Jahre nach der bestandenen Aufnahmeprüfung einigermaßen finanzieren. Das waren eigentlich die aufregendsten Jahre – die drei Jahre Schauspielschule. Da bin ich in die große Welt gekommen66, **erinnert sich Gmeiner im Gespräch.**

Drei Jahre lang studierte Gmeiner am Salzburger Mozarteum Schauspiel und Regie. Ihm direkt gegenüber wohnte zufällig auch ein Studienkollege Gmeiners, der erst später an Bedeutung gewinnen sollte – Thomas Bernhard. Über so manche Geschichte, die heutzutage über seinen später berühmt gewordenen Kollegen im Umlauf ist, kann sich Klaus Gmeiner aus seiner Erinnerung heraus nur wundern.

99 Ich hätte mich schon über Wasser halten können, ich hab in einem abbruchreifen Haus in der Schrannengasse gewohnt, in dem ich mich jeden Abend vor den Ratten gefürchtet habe – das klingt jetzt alles so romantisch, war es damals aber gar nicht. Aber es ging mir nicht schlecht, nur dem Thomas Bernhard ging es noch viel besser. Er hat mir immer erzählt, was er Mittag nicht alles gegessen hat – ich hab meine Speckwurst gehabt. Da muss ich auch immer so lachen, wenn man jetzt davon redet, dass er sich so durchgehungert hat. 66

Am 18. Juni 1957 trat der Studienjahrgang zur Bühnenreifeprüfung an. Thomas Bernhard, Klaus Gmeiner und Ludwig Skumautz wurde die Eignung zur Regieführung zuerkannt. Nach dem Studienabschluss verloren sich Gmeiner und Bernhard schnell aus den Augen, erst später gestaltete Gmeiner in seiner Funktion als Literaturchef des Landesstudio Salzburgs – neben einigen Hörspielen nach Bernhard Stücken – auch eine seiner legendären „Du Holde Kunst" – Sendungen unter dem Titel „Ich weiß, dass in den Büschen die Seelen sind" mit Gedichten seines berühmten Studienkollegen. Bernhard schrieb ihm damals nach der Ausstrahlung: „Jetzt weiß ich, dass ich ein Dichter bin".

In der Abschlussklasse wird der Jahrgang nach Klagenfurt eingeladen. Gmeiners Diplomarbeit – seine Regiearbeit von Johann Nestroys „Eulenspiegel oder Schabernack über Schabernack" – wird dort gespielt; eine der vielen richtigen Konstellationen, die Gmeiners berufliche Laufbahn prägen sollten, wollte es, das Fritz Klingenbeck, Klagenfurts Theaterintendant, den er durch das dortige Gastspiel kennenlernte, in Salzburg in der darauffolgenden Saison 1957/1958 die Intendanz am Landestheater übernehmen sollte. Ihm schrieb Gmeiner, 99 die einzige Bewerbung meines Lebens. In einem Brief habe ich geschrieben, dass er schuld ist, dass ich am Theater bin – das stimmt vielleicht auch, ich hab „Kabale und Liebe" in Bregenz gesehen, im Theater für Vorarlberg, das er nach dem Krieg gegründet hat. Laientheater gab es ja schon, so á la „Glöckerl am Himmelbett", aber das war dann Berufstheater mit Leuten wie Walter Reyer. 66

So erging also ein Brief an Fritz Klingenbeck, in dem Klaus Gmeiner als Absolvent des Salzburger Mozarteums vorstellig wurde.

99 Und dann hieß es in einem Brief, der mir nach einer Vorstellung zugesteckt wurde, dass ich am nächsten Vormittag in die Intendanz kommen sollte. Und Klingenbeck hat mir gesagt: „Wollen Sie bei mir arbeiten?" – Ich hab nur zugesagt und gar nicht gefragt als was. 66

Fünf Jahre im festen Engagement am Salzburger Landestheater als Regisseur und Dramaturg waren die Folge dieses ersten Vorstellungsgesprächs. Sehr schnell wurden dem jungen Regisseur große Sachen anvertraut. Das erste war „Die Erbin" nach dem Roman von Henry James.

Aber das Landestheater allein war noch nicht genug. In seinem geliebten Genre, dem Radio, arbeitete Klaus Gmeiner bald als Aufnahmeleiter.

99 Damals ist sehr viel Literatur gemacht worden – mindestens jeden Nachmittag eine Literatursendung im lokalen Programm. Das war die „Sendergruppe Rot-Weiß-Rot" in Salzburg, Linz und Wien. Dann habe ich die Umwandlung miterlebt, als Gerd Bacher kam und das alles zum ORF machte. Da war viel zu tun, es gab zwar nicht viel Geld für mich, aber ich habe es gern gemacht. Und im Sommer gab es diese Sommerhörspiele. 66

Das war der Beginn einer sehr arbeitsintensiven Zeit in Salzburg.

❝ Ich bin um neun Uhr ins Theater, um zwei Uhr raus, habe mir irgendwo ein Wurstbrot gekauft, bin dann in den Funk rüber, war von drei bis um fünf Uhr im Funk, und bin dann wieder rüber ins Theater bis zum Ende der Vorstellung. Aber ich war der glücklichste Mensch der Welt. ❞

Nach fünf Jahren am Salzburger Landestheater wurde Fritz Klingenbeck 1962 von Hellmuth Matiasek als Intendant abgelöst, der Gmeiner – beide kamen als Anfänger ans Landestheater und waren sehr gut befreundet – dennoch erklärte, dass er leider seinen Vertrag nicht verlängern könne. Wieder zum richtigen Zeitpunkt bot sich für Klaus Gmeiner ein anderes Engagement an. So wurde er für die folgenden acht Jahre Regisseur für Oper und Schauspiel bei den Vereinigten Bühnen in Graz.

❝ Für mich war das ein Aufstieg, ich hab dann am Grazer Opernhaus zum Beispiel „Cosi fan tutte" gemacht. Trotzdem war es hart, von Salzburg wegzugehen. Aber ich hatte Glück. Ich war in meinem ganzen Leben nur einen Monat arbeitslos. Das hängt natürlich schon auch mit meiner Erziehung zusammen. Ich hatte immer Existenzangst. So bin ich nur einen Monat stempeln gegangen. In Salzburg hörte der Vertrag im Juli auf und in Graz hat er im September begonnen. ❞

In Graz war Gmeiners Hauptaufgabe, die Eröffnung des neuen Schauspielhauses zu organisieren. Es wurde damals renoviert und man spielte in einem Provisorium im Landhaushof. Aber schon bald kamen andere wichtige Aufgaben dazu. Im September fing der neue Vertrag, der ihn als Dramaturgen und Regisseur an die Vereinigten Bühnen band, an und bereits im Oktober führte er zum ersten Mal Regie. In der dritten Saison seines Vertrages wurde dann am 14. März 1964 das neue Schauspielhaus eröffnet. Die Zeit in der steirischen Landeshauptstadt war auch eine Zeit der prägenden Begegnungen.

❞ Dort habe ich auch den Helmuth Lohner kennengelernt, der hat damals den „Hamlet" gespielt. In Graz habe ich auch den tollsten Direktor gehabt, den man sich wünschen kann – André Diehl. Der hat mich engagiert und ist dann nach drei Jahren in Pension gegangen. „Tristan" oder „Frau ohne Schatten" – das habe ich nicht gekannt und es war auch grauenvoll für mich. Er aber hat mir das bei Spaziergängen so toll erklärt, er hat mir die Opernwelt eröffnet. ❞

Da aber in Graz nicht alles einfach war, schien ein Angebot, ab der nächsten Saison als Regisseur und Dramaturg nach Bern zu gehen, sehr verlockend. Zur Schweiz hatte Klaus Gmeiner seit jeher eine große Affinität, und er war fest entschlossen, seinen Vertrag in Österreich nicht zu verlängern. Diehls Nachfolger Karl Heinz Haberland aber brachte seinen Vorsatz ins Schwanken.

❞ Haberland hat mir aber genau dann für das nächste Jahr „Cosi fan tutte" und die „Italienerin in Algier" – zwei schöne Opern – angeboten und ich bin dann eigentlich wegen der „Cosi" in Graz geblieben und habe Bern abgesagt. Diese Oper habe ich so geliebt und sie einmal machen zu können – noch dazu am Grazer Opernhaus – war für mich die Erfüllung eines Traums. ❞

Dieser Traum erfüllte sich mit der Premiere am 17. Mai 1968. Daneben gab es auch Abstecher in die Bundeshauptstadt. Im Rahmen der Laxenburger Sommerspiele inszenierte Klaus Gmeiner vor dem Schloss Laxenburg Goldonis „Diener zweier Herren". Die Mittel waren einfach. Ohne Bühne oder zumindest einer Art Podest spielte man lediglich mit ein paar tragbaren Wänden als Dekoration. Dennoch waren das stilvolle Ambiente und die Kostüme ausreichend, um für eine schöne Theateratmosphäre zu sorgen. Am 24. Oktober 1967 gastierte Gmeiner sogar mit seiner Grazer Inszenierung von „Don Juan oder die Liebe zur Geometrie" von Max Frisch am Burgtheater in Wien.

❞ Das wurde eigenartigerweise nie in Wien gespielt. Meine Inszenierung war, glaube ich, gelungen, wir hatten einen großen Erfolg damit und Haeussermann hat uns dann eben zu einem Gastspiel eingeladen. Ich habe mich also am Burgtheater verbeugt, aber nie dort inszeniert.❞

Nach acht Jahren kam 1969 für Gmeiner die Zeit, eine neuerliche Veränderung zu wagen:

❝ Auslöser waren einerseits das Angebot, Oberspielleiter in St. Gallen zu werden, ein neues Haus, meine Affinität zur Schweiz und die Tatsache, dass ich mich geweigert habe, „Magic Afternoon" von Wolfi Bauer zu machen. Blöd. Das hat dann Bernd Fischerauer gemacht, es ist fürs Fernsehen aufgezeichnet worden, er ist damit bekannt geworden und das Stück selbst hat Furore gemacht. Aber ich habe mich damals eben geweigert und da wurde mein Vertrag gelöst. Ironie war dann, dass ich als erstes Stück in St. Gallen die Schweizer Erstaufführung von „Magic Afternoon" gemacht habe.❞

In St. Gallen war Klaus Gmeiner zwei Jahr lang Oberspielleiter. Aber schon 1971 kam dann die Einladung, zurück nach Salzburg und ans Radio zu gehen. Er folgte dem Ruf an seinen „Ausgangspunkt", da sein anerzogenes Streben nach Sicherheit ihn leitete und die Stelle beim Salzburger Hörfunk zweifelsfrei ein sicherer Posten war. Ein glücklicher Zufall wollte es, dass Karl Heinz Haberland, der von Graz aus nach Düsseldorf gegangen war, als Intendant des Landestheaters 1974 nach Salzburg kam und Klaus Gmeiner nach der guten Zusammenarbeit in Graz auch in seiner neuen Funktion für viele Produktionen an sein Haus holte. Haberlands Angebot, als Oberspielleiter für das Schauspiel zu arbeiten, konnte Gmeiner allerdings nicht annehmen, weil er beim Österreichischen Rundfunk als Leiter der Hörspiel- und Literaturabteilung fix angestellt war. Die offizielle Lösung war, im Theater als Konsulent zu fungieren.

❝ Der damalige Generalintendant des ORF Gerd Bacher war da sehr genau. Als ich zum Beispiel die Einladung bekommen habe, das Salzburger Straßentheater zu machen, habe ich ihm einen sehr höflichen Brief geschrieben. „Ich darf Ihnen mitteilen …" und so weiter. Er hat mir darauf geantwortet: „Sie haben mich nicht zu informieren, Sie haben mich zu bitten." Das hat eine ziemliche Affäre gegeben, er war sehr gekränkt. Einzelne Inszenierungen durfte ich aber machen und was darüber hinausging, habe ich mit Zeitausgleich oder Urlaub abgedeckt.❞

Über vierzig Inszenierungen kamen so im Laufe der gesamten Zeit zustande, darunter etliche Salzburger Erstaufführungen, wie zum Beispiel Max Frischs „Don Juan oder die Liebe zur Geometrie", Peter Shaffers „Equus" oder Christopher Frys „Die Dame ist nicht fürs Feuer". Aber auch der Oper waren einige Engagements gewidmet. So inszenierte Gmeiner die Salzburger Erstaufführung von Benjamin Brittens „Ein Sommernachtstraum" und Georg Friedrich Händels „Xerxes".

❝ Nach meiner Rückkehr nach Salzburg habe ich nur noch für einzelne Produktionen die Stadt verlassen. Nach zehn Jahren bin ich damals nach Salzburg zurückgekommen, das war fast ein „homecoming". Eigentlich mehr als meine Geburtsstadt war es mein zu Hause. Hier fühle ich mich einfach wohl.❞

So verwundert die enge Beziehung zum Landestheater nicht, die Klaus Gmeiner im Laufe der Jahre entwickelt hat – war sie doch lange Jahre seine künstlerische Heimat. Nach Gandolf Buschbeck und den sieben Jahren, in denen Karl Heinz Haberland als Direktor in Salzburg gewirkt hatte, wurde Federik Mirdita 1981 Intendant am Salzburger Landestheater. Bereits nach fünf Jahren (1986) löste Ihn Lutz Hochstraate in seiner Funktion ab. Unter Hochstraate kam ein jähes Ende für Gmeiners Wirken an diesem Theater. Während seiner Inszenierung von Max Frischs „Biographie" – ein Stück, mit dem er zuvor in Graz großen Erfolg gefeiert hatte – kam es zum Eklat mit dem Team, auch wenn die Produktion selbst beim Publikum und der Presse später sehr gut ankam.

❯❯ Das Ende war leider nicht schön. Den Abschied hätte ich mir anders vorgestellt. Meine letzte Arbeit war sehr unerfreulich im Haus, obwohl es ein großer Erfolg auf dem Spielplan wurde. Die Arbeit war sehr unangenehm mit den Schauspielern, die waren unzufrieden mit mir und so war das eine sehr unerfreuliche Produktionszeit. Aber es wurde ein großer Erfolg und Hochstraate hat mir danach eine Operette angeboten, den „Vogelhändler". Dagegen hätte ich nichts gehabt – ich hab im Jahr zuvor „Die Fledermaus" gemacht – aber ich wollte quasi als Rehabilitation ein Schauspiel machen. Und so hat man sich da entzweit.❯❯

Im ORF jedoch entdeckte Klaus Gmeiner im Lauf der Jahre immer mehr Bereiche für sich und probierte in beiden Medien Programmformen aus. Das Fernsehen befand sich am Beginn seiner Tätigkeit beim Österreichischen Rundfunk noch in den Kinderschuhen. Aber Jahre später, als Literaturprogramme für das neue Genre entdeckt wurden, wagte sich auch Gmeiner an das neue Metier. Gemeinsam mit Werner Schneyder entstand so unter dem Titel „Ö9 – 70 Jahre Waldanschauung" 1978 ein Dichterportrait über Erich Landgrebe. Schneyder schrieb das Drehbuch, Gmeiner war für die Umsetzung zuständig.

1991 folgte dann in diesem Format in Zusammenarbeit mit der Gestalterin Brita Steinwendtner auch ein Ilse-Aichinger-Porträt zu deren 70. Geburtstag unter dem Titel „Schreiben ist sterben lernen". 1994 begab sich Klaus Gmeiner auf die Spurensuche nach Georg Trakl: „Er war als Knabe einmal schon im Himmel".

Immer wieder wurden einige seiner zahlreichen Inszenierungen für das Fernsehen aufgezeichnet. Bereits 1966 präsentiert er sein Erstlingswerk an den Vereinigten Bühnen Graz „Eulenspiegel oder Schabernack über Schabernack". Kaum zurück in Salzburg wurde 1975 Lessings „Der junge Gelehrte" mit Klaus Bachler in der Titelrolle aus den Kammerspielen des Landestheaters aufgezeichnet. 1989 wurde – im Hinblick auf das im nächsten Jahr bevorstehende zwanzigjährige Jubiläum des Salzburger Straßentheaters Goethes „Die Mitschuldigen" vom ORF aufgezeichnet.

❥❥ Die Straßentheateraufzeichnung von den „Mitschuldigen" ist leider nicht so gelungen. Plötzlich musste es unter dem Jahr und mit Publikum sein. Wir haben schon Reklame gemacht, aber das Wetter war nicht so günstig. Wir haben es im Hof des Schlosses Mirabell gemacht, dreimal glaube ich, weil es immer wieder geregnet hat. Dadurch standen im Publikum unterschiedliche Leute, viele sind ohnehin nicht gekommen. Statisten hätte man aber zahlen müssen und es wäre auch gar keine Stimmung gewesen. Das stand alles leider unter keinem guten Stern. Budgetmäßig war es sicher teurer, weil sie ja extra den Wagen holen mussten und so weiter. Natürlich hätte ich gern auch die Fernsehregie gemacht, aber das ging nicht. Auch die Schauspieler mussten extra zusammengetrommelt werden, keiner war richtig motiviert. Man wollte einfach im nächsten Jahr auch einmal Straßentheater ins Fernsehen bringen. Dabei war das nicht einmal meine gelungenste Sache am Wagen. Aber natürlich sagt man nicht „Nein", wenn das Fernsehen kommt und es aufzeichnen will.❥❥

Zu einem besondern Glücksfall wurde dafür Stefan Zweigs „Der verwandelte Komödiant" 1992 mit Else Ludwig, Leo Braune, Karl Heinz Glaser, Karl Michael Vogler und Susanna Szameit. Hier konnte Gmeiner nicht nur am Theater, sondern auch im Fernsehen Regie führen.

❥❥ Der Film hatte die Straßentheateraufführung als Vorläufer. Daraus entstand dann die Idee, es auch fürs Fernsehen aufzuzeichnen. Ich habe aber gesagt: wenn wir es schon fürs Fernsehen machen, dann nicht am Straßentheaterwagen, Leopoldskron eignet sich viel besser. Ich habe es also adaptiert und ein Drehbuch geschrieben. Außerdem konnten wir auch das Vorspiel dazu machen, was am Wagen nicht dabei war.❥❥

Aber es gibt nicht nur Sprechtheater-Aufzeichnungen. Auch Klaus Gmeiners mehrfache Regietätigkeit am Salzburger Marionettentheater wurde dokumentiert. So gibt es im Archiv des ORF eine Gesamtaufnahme von Mozarts „Gärtnerin aus Liebe" von 1978 und 1990 sowie einen „Nussknacker" von 1995. In einem weiteren Fernsehformat fand man ihn sogar persönlich. Von 1988 bis einschließlich 1995 stellte er regelmäßig in der regionalen Nachrichtensendung „Salzburg heute" Neuerscheinungen auf dem Büchermarkt vor.

Bevor das alles allerdings technisch möglich wurde und Theater im Fernsehen ein fixer Programmbestandteil war, stand klar das Hörspiel im Vordergrund und erfreute sich großer Beliebtheit. Dabei waren die Produktionsbedingungen in Salzburg anfangs gar nicht so benutzerfreundlich.

99 In Kleßheim war der amerikanische Soldatensender, das Gebäude wurde – nachdem die Amerikaner abgezogen sind – von der Sendergruppe Rot-Weiß-Rot übernommen. Mein Büro war in der Hofstallgasse und die Arbeitsstelle in Kleßheim. Es gab einen Bus, die Schauspieler mussten um neun Uhr bei der Franziskanerkirche sein, dann ist man gemeinsam hinausgefahren, Mittag ist man in ein kleines Wirtshaus essen gegangen, und so hat man den ganzen Tag dort aufgenommen. Es war ganz witzig. Wenn man heute Aufnahmen davon hört – natürlich sind das alles noch Mono-Aufnahmen – haben sie aber schon hohe Qualität. „Hamlet", „Torquato Tasso", „Der eingebildete Kranke" – einige davon gibt es jetzt auf CD – diese großen Schinken wurden alle in Kleßheim gemacht. Wenn die Flugzeuge im Landeanflug auf Salzburg waren, musste man unterbrechen, so schalldicht war es auch nicht. 66

Dann beginnt eine neue Epoche. Im Juli 1972 übersiedelte man von der Hofstallgasse und Kleßheim in das neu gebaute ORF Landesstudio in der Nonntaler Hauptstraße. Von da an ist alles unter einem Dach vereint. Und als ob er die nun eingesparte Zeit, die jetzt nicht mehr für die Wegstrecken von der Stadt nach Kleßheim hinaus gebraucht wird, gleich wieder anderweitig verwenden muss, übernimmt Klaus Gmeiner eine zusätzliche Aufgabe. Von 1973 bis 1993 ist er Konsulent der Rauriser Literaturtage. Und er nutzt die neue Situation im Landesstudio auch für programmliche Neuerungen. Klaus Gmeiner hatte eine Idee, die über Jahrzehnte zum fixen Bestandteil des Festspielsommers werden sollte.

❞ Den „Literarischen Sommer" habe ich erfunden. Damals haben wir das neue Studio bekommen. Ein Brecht-Abend mit Helmuth Lohner im Sendesaal, so hat das begonnen. Plötzlich hat man ein Publikumsstudio gehabt. Ich war damals mit dem Lohner sehr gut und bei einem Zusammensein hat er mir von einem Programm erzählt, das er jetzt zusammengestellt hat und ich habe ihn gefragt, ob er das auch in Salzburg machen würde. Damals war Gott sei Dank noch Geld für so spontane Aktionen da. Ich konnte nicht aus dem Vollen schöpfen, habe immer gespart mit den Schauspielergagen, aber wir haben tolle Sachen gemacht. Und die Schauspieler haben gern in der Festspielzeit zusätzlich ihre Programme gemacht – sie haben ja nie etwas Neues für uns einstudiert.❞

Der „Literarische Sommer" (dann schon längst eine hauseigene Marke) ging allerdings mit Gmeiners Pensionierung 1996 verloren – eine Tatsache, die viele kulturinteressierte Salzburger bis heute bedauern. Bekamen sie doch die Möglichkeit, Publikumslieblinge wie Elfriede Ott oder Theatergrößen wie Will Quadflieg hautnah zu erleben. Eine der wunderbaren Quadflieg-Lesungen wurde anlässlich des 75. Geburtstages des großen Schauspielers ebenfalls für das Fernsehen festgehalten („Quadflieg liest Faust I", ORF-Sendung 10. September 1989).

Noch eine sofort angenommene Idee Gmeiners konnte aufgrund des neuen Publikumsstudios verwirklicht werden und wurde von zahlreichen Hörern einige Produktionen lang sehr gern genützt:

❞ Dann bin ich drauf gekommen, dass die Leute auch gern bei einem Hörspiel zuschauen würden. Und so haben wir einmal im Jahr ein Hörspiel öffentlich gemacht. Das wurde zwar vorher im Tonstudio aufgezeichnet und wir haben dann so getan als ob. „Salome", „Clavigo" und so weiter haben wir gemacht. Fünf, sechs Veranstaltungen gab es auf diese Weise, das hat sich sehr bewährt.

Aber es entstand eben aus der Verlockung, dass man da plötzlich einen Publikumssaal hatte und sich Schauspieler natürlich auch gern ein bisschen produzieren. Viele der bekannten Schauspieler kamen sicher auch, weil sie mich kannten, ich war der Mentor all dieser Dinge."

Einen weiteren Titel hat Klaus Gmeiner zwar nicht erfunden, doch wie kein anderer ist sein Name heute mit dieser Sendung verbunden. Rund 700 Sendungen hat er während seiner Tätigkeit im ORF gestaltet. „Du holde Kunst" ist die älteste Literatursendung des ORF, 1945 ging die Kombination aus Musik und Literatur erstmals auf Sendung. Zum 50-jährigen Jubiläum gestaltet Gmeiner im August 1995 im Rahmen des „Literarischen Sommers" des ORF Landesstudios einen Abend mit einer Lesung von Will Quadflieg und Gerd Westphal. Auch Martha Marboe, die Sprecherin der ersten Sendung mit Helmut Janatsch war unter den Gästen.

„Wir haben es mit Sonja Sutter und Karl Michael Vogler nachgestellt – genau das gleiche Programm, das in der ersten Sendung war. Erfunden hat es Ernst Schönwiese, der damals Leiter der Literaturabteilung war. Es gab es also lange vor mir, aber ich habe es halt dann dreißig Jahre lang gemacht. Das war dann schon eine kleine Popularität in gewissen Kreisen für mich, jetzt werden viele Wiederholungen gespielt.
In Salzburg waren wirklich alle, die damals berühmt waren. Da braucht man nur aufzählen und ich sag: Ja, ja, war da. Gründgens, Quadflieg, Hoppe. Namen, die zu meiner Zeit wirklich groß waren, Stars, wie es sie heute gar nicht mehr gibt, wie Bild, Wiemann, Wimmer, Gold, Wessely – die waren alle da."

Aber nicht nur im Landesstudio Salzburg kam Klaus Gmeiner zum Einsatz. Viele dieser oben erwähnten Schätze wurden in anderen ORF Studios gemacht. So zum Beispiel das Hörspiel „Casanova in Spa" von Arthur Schnitzler. Das war eine der eher seltenen Produktionen, bei denen es wegen der Besetzung einfacher war, in Wien zu arbeiten. Es war kostengünstiger und weniger umständlich, mit Michael Heltau und Fritz Muliar etwa in Wien zu arbeiten, anstatt sie nach Salzburg zu holen. Außerdem gab es Hörspielproduktionen in Graz und auch in Gmeiners Heimat Vorarlberg.

❝ Die haben mich oft geholt, manchmal sogar unter falschen Namen. Rudi Bayr war damals noch Intendant von Salzburg und der hat das nicht gern gesehen. Er hat immer gesagt: Du gehörst zu Salzburg, du bist unser Markenzeichen. Ich war aber auch sehr mit dem Intendanten von Vorarlberg, Leonhard Paulmichel, befreundet, der wiederum gesagt hat: Du bist ein Vorarlberger, du musst da arbeiten. Und so kam die Idee mit dem anderen Namen. Das ist dann aber ohnehin aufgeflogen. In Vorarlberg habe ich sicher zwanzig bis fünfundzwanzig Hörspiele gemacht. ❞

Franz Stoß lud ihn ein, am Theater in der Josefstadt zu inszenieren, und zwar die österreichische Erstaufführung von Alan Ayckbourns „Treppauf – Treppab". Premiere war am 1. Mai 1984. Die Zusammenarbeit wurde ein Erfolg, sodass Gmeiner insgesamt vier Stückverträge erhielt. Zwei Stücke inszenierte er in den Kammerspielen, zwei im großen Haus. Ein Boulevardstück mit Alfons Haider – „Madame Celine", das am 24. März 1985 in den Kammerspielen Premiere gehabt hatte, wurde in der darauffolgenden Saison wegen des großen Erfolges sogar ins große Haus übernommen.

Sogar die Grenzen hat Klaus Gmeiner für einige Produktionen überschritten – auch in der Zeit, in der er fix in Salzburg beschäftigt war. In Deutschland war er in Hamburg, München, Köln, Chemnitz, Stuttgart sowohl am Radio als auch im Schauspiel beschäftigt – und das nicht nur am fixen Theater, sondern auch für Tourneen.

Weitere Möglichkeiten, interessantes Neuland auszuprobieren, ergaben sich in diversen Angeboten, Freilichttheater zu machen. Schon in seiner Grazer Zeit hatte Gmeiner ja die Gelegenheit, dieses neue Territorium zu betreten. Neben Inszenierungen wie Shakespeares „Maß für Maß" im Grazer Landhaushof und dem bereits erwähnten „Diener zweier Herren" in Laxenburg arbeitete er vor allem in den 90er-Jahren bei den Komödienspielen Porcia. Dort entstanden Produktionen wie „Frühere Verhältnisse" (1996), „Alpenkönig und Menschenfeind" (1997) oder „Einen Jux will er sich machen" anlässlich des vierzigjährigen Jubiläums dieses Festivals 2001.

Zu diesem Zeitpunkt hatte Klaus Gmeiner allerdings schon ein Jahrzehnt als künstlerischer Leiter des Salzburger Straßentheaters hinter sich. Nicht nur dort folgte er Oscar Fritz Schuh nach. Im Hellbrunner Steintheater inszenierte er „Der Tor und der Tod" von Hugo von Hofmannsthal.

Lange Jahre hindurch war die Arbeit als Literaturchef des ORF Landesstudios Salzburg die Basis, die ihm größtenteils erlaubte, der Liebe zum Regieführen am Theater nachzugehen.

Auch bei den Rauriser Literaturtagen konnte Gmeiner als Programmberater der ersten Stunde seine Fachkenntnisse nutzen und ist dort bis heute als Regisseur von szenischen Lesungen tätig.

99 Ich bin natürlich auch älter geworden und da wird es schon anstrengender. Früher habe ich vormittags im Theater geprobt, bin dann um zwei Uhr ins Büro, und wenn keine Abendproben waren, bin ich bis um zehn Uhr im ORF gewesen. Das zehrt dann schon an deiner Kraft. Aber trotzdem habe ich immer Glück gehabt. 66

Dieses Glück zeigt sich auch in den vielen interessanten Begegnungen, die Klaus Gmeiner machte. Nicht nur die Liste der namhaften Schauspieler, mit denen er zusammenarbeiten konnte, liest sich wie das „Who is Who" der deutschen Theatergeschichte unserer Zeit. Auch im Kreise der Autoren fallen berühmte Namen wie Ernst Lothar, Friedrich Torberg, Hans Weigel oder Carl Zuckmayer.

99 Ich habe Carl Zuckmayer kennengelernt, als ich hier ein Stück von ihm gemacht habe. Er war Gott sei Dank in der Nähe in Bad Reichenhall auf Kur und so habe ich vier Wochen fast immer mit ihm verbracht.

Auch Hans Weigel war eine schöne Begegnung. Der hat mich immer gefragt: „Sagen sie mir, was wir am Straßentheater machen können, uns fallen keine Stücke mehr ein." – und das war schon nach dem dritten oder vierten Jahr. Er hat ja leider nicht mehr erlebt, was ich dann alles gemacht habe, weil ich ihm einiges vorgeschlagen habe, von dem er gemeint hat, dass es nicht gehen würde. Er hatte natürlich immer Stücke im Hinblick auf seine Frau Elfriede Ott und ihre Spielweise im Blickfeld.

Eine große Begegnung für mich war die mit Friedrich Torberg, den ich sehr verehrt habe. Ich habe unter anderem eine sechzehnteilige Dramatisierung seines „Schüler Gerber" mit dem jungen Michael Heltau in der Titelrolle gemacht. Damals hat die Buchgemeinschaft Donauland aufgrund des großen Erfolges dieser Fassung eine Neuauflage des Buches gemacht – das hat mich sehr gefreut. Es hat mich auch deshalb gefreut, weil es eine von Torberg autorisierte Fassung war – ich musste sie ihm ja vorlegen. So haben wir uns kennengelernt [...]. Solche Begegnungen bereichern einen Menschen schon.❞

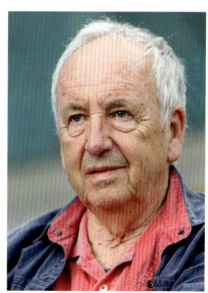

Klaus Gmeiner, Foto Neumayr, 2009

5.
Die Salzburger Kulturvereinigung – der treibende organisatorische Motor hinter zahlreichen traditionsreichen Salzburger Kulturveranstaltungen

Ihre Geschichte, Funktion und die Organisation des Straßentheaters

99 Kultur ist nicht alles, aber ohne Kultur ist alles nichts. 66

Dieses Motto des langjährigen Generalsekretärs der Salzburger Kulturvereinigung, Heinz Erich Klier, steht seit fast sechzig Jahren über allen Unternehmungen dieser Salzburger Kulturinstitution. Sie ist die treibende organisatorische Kraft hinter dem Straßentheater.

Die Salzburger Kulturvereinigung besteht seit 1947 als gemeinnütziger Verein und ist mit rund 9200 Mitgliedern der größte kulturelle Verein im Land Salzburg. Sie erhält von Land und Stadt Salzburg alljährlich projektbezogene Subventionen für den Konzertring, die Salzburger Kulturtage, das Straßentheater und für die Georg-Trakl-Forschungs- und Gedenkstätte im Geburtshaus des Dichters am Salzburger Waagplatz. Bei ihrer Gründung im März 1947 stellte sie sich folgende Aufgabe:

99 Als unabhängige und überparteiliche Vereinigung kulturinteressierter Kreise sich für die Freiheit der Wissenschaft, der Presse und der Literatur, für die Pflege des eigenständigen Kulturgutes für die

Sicherung der Freiheit der Weltanschauungen und der religiösen Bekenntnisse, für die Bewahrung des österreichischen Kulturschatzes, für die Einrichtung eines großzügigen Volksbildungsprogramms und für die Intensivierung des österreichischen Kulturlebens, insbesondere für die Erhaltung und Förderung der Salzburger Festspiele, der von öffentlich rechtlichen Körperschaften betriebenen Theater, des Salzburger Konzertlebens und des Ausstellungswesens einzusetzen und hierfür zu wirken.❞

Heinz Erich Klier, der von 1951 bis 2008 Generalsekretär der Salzburger Kulturvereinigung war, etablierte den Theaterring binnen kürzester Zeit und gewann das Präsidium und den Vorstand für die Gründung des Konzertrings – beide Standbeine der Salzburger Kulturvereinigung sind bis heute fixer Bestandteil auch des Abonnementsprogramms. Kliers Hauptziel bei allem war es, ein neues Publikum für Kultur zu interessieren. Mit diesem Vorsatz gelang es ihm auch, renommierte Künstler für Freundschaftshonorare zu verpflichten: Ernst Märzendorfer, Hans Swarowsky oder Robert Wagner wirkten im Konzertzyklus mit, das Mozarteumorchester bestreitet bis heute einige dieser Konzerte. Der Erfolg war so groß, dass man bereits 1954 mit dem Konzertring von der Großen Aula der Universität ins Große Festspielhaus mit fast 1000 Plätzen übersiedeln konnte. Im Sommer, von Juli bis August, war auch die Zusammenarbeit mit den Internationalen Ferienkursen für deutsche Sprache und Germanistik zu betreuen. Unter dem Titel „Dichter zu Gast" setzte man die Tradition der Autorenlesungen fort, mit denen man als Vorreiter bei der Salzburger Kulturvereinigung Literatur einem breiten Publikum zugänglich machte. Und schließlich gab und gibt es auch heute noch populärwissenschaftliche Vorträge, die organisiert werden mussten und müssen – ein sehr vielschichtiges Feld also, in dem die Salzburger Kulturvereinigung seither tätig ist.

1962 dann der nächste große Coup: Gustav Gruber, Bratschist der Camerata Academica, gründete – unterstützt von der Salzburger Kulturvereinigung – ein Amateurorchester, das bis heute als „Orchester der Salzburger Kulturvereinigung" existiert. 1967 entwickelte Klier unter dem Titel „Die Welt der Oper" ein Abonnementkonzept für konzertante Opernaufführungen im Großen Festspielhaus, das dann 1968 in „Aus Oper und Konzert" abgewandelt wurde, da die Gagen für Opernsänger nicht für jede Veranstaltung finanzierbar gewesen wären. 1970 gesellten sich noch die Zyklen „Die große Symphonie" und „Musik der Meister" in die Abonnementreihe.

99 Im selben Jahr, also 1970, griff Bürgermeister Heinrich Salfenauer, später langjähriger Vizepräsident der Salzburger Kulturvereinigung, die Idee eines Straßentheaters von Oscar Fritz Schuh auf, der eine vom Kulturamt der Stadt betreute Einrichtung, wie sie ihm angeboten wurde, als „beamtetes Theater" aber kategorisch ablehnte. Heinz Erich Klier, der inzwischen Leiter der Kultur- und Schulverwaltung geworden, mit Bewilligung des Stadtsenats aber weiterhin Generalsekretär der Kulturvereinigung geblieben war, schlug als Träger dieser Einrichtung die Salzburger Kulturvereinigung vor und fand damit allseits Zustimmung. Stadt und Land unterstützten das Vorhaben nach Kräften und selbst der Bund sagte seine Hilfe zu, denn die Subventionäre der Salzburger Festspiele waren froh, mit dem Straßentheater ein „Ventil" gefunden zu haben, mit dem der inzwischen doch ziemlich stark gewordene Druck auf Öffnung der Festspiele für die Salzburger Bevölkerung verringert werden konnte66, erinnert sich der Präsident der Kulturvereinigung, Landeshauptmann Hans Katschthaler, in der Chronik „Salzburger Kulturvereinigung – Rückschau, Chronik, Register 1947–2002".

Zwei Jahre nach der Gründung des Straßentheaters wurden dann 1972 von der Salzburger Kulturvereinigung die „Salzburger Kulturtage" ins Leben gerufen, in denen es bis heute gelingt, renommierte Künstler im Herbst nach Salzburg zu holen und zu erschwinglichen Preisen dem Publikum zugänglich zu machen.

Schon im nächsten Jahr wartete eine weitere große Herausforderung: Die Salzburger Kulturvereinigung war 1972 ins Traklhaus übersiedelt, wo angemessen große Büroräume zur Verfügung standen. 1973 wurde ihr die Einrichtung und Verwaltung der

Büro der Salzburger Kulturvereinigung im Traklhaus, Foto Kühnel, 2010

Georg-Trakl-Gedenkstätte zugeteilt, die in eben diesem Traklhaus – dem Geburtshaus des Dichters – etabliert werden sollte. 1974 entstand mit „Welt der Musik" der dritte große Konzertring. Ein Markenzeichen in der langen Reihe von Konzertzyklen der Salzburger Kulturvereinigung ist die mehr als erfolgreiche Zusammenarbeit mit den Leningrader Philharmonikern, die den „Welt der Musik"-Ring eröffneten.

Die 80er-Jahre waren geprägt von einer Reihe von Sonderkonzerten wie einer Operngala mit Mirella Freni (1982), einer Operettengala mit René Kollo (1985) oder der aufwendigen Aufführung der achten Symphonie von Gustav Mahler mit der Staatsphilharmonie Rheinland-Pfalz, dem Singverein der Gesellschaft der Musikfreunde, dem Chor der Tschechischen Philharmonie Prag, den Wiener Sängerknaben und acht Gesangssolisten.

Auch Ballettproduktionen sind immer wieder Bestandteil des Programms der Salzburger Kulturvereinigung, wie zum Beispiel die des St. Petersburger Balletts, des Balletts der Staatsoper in Lodz oder des Stuttgarter Balletts.

In den 80er-Jahren gibt es auch Veränderungen beim Straßentheater. Nach dem Tod O.F. Schuhs übernimmt Klaus Gmeiner die künstlerische Leitung.

99 Mit dem Antritt des Herrn Gmeiner hatte ich es sehr leicht. Mit Professor Schuh war es ungeheuer schwierig. Er war ein wunderbarer Regisseur, aber mit der Stückwahl für das Straßentheater war es schwierig. Am Anfang wusste er sofort die „Früheren Verhältnisse", dann hat er noch den Valentin gebracht, aber dann war es immer im letzten Moment. Da bin ich auf Stücksuche gegangen, weil es einen ungeheuer nervös macht, Schauspieler zu engagieren, wenn man nicht einmal weiß, was man spielt. Mit Herrn Gmeiner hat sich das zu meiner Freude geändert. Er war ja Literaturchef im ORF-Landesstudio-Salzburg und hat dadurch natürlich tolle Kontakte zu Schauspielern. Zweitens hat er auch fürs Radio viele Stücke bearbeitet und hat dadurch ein enormes Repertoire. 2002 spielen wir Georg Bernard Shaws „Helden". Kein Mensch würde sich darüber trauen, das für das Straßentheater zu kürzen! Dass es noch Sinn macht, ist schwierig. Aber er hat es auch beim „Diener zweier Herren" bewiesen: Er kann das.66 **(Heinz Erich Klier im Gespräch über Klaus Gmeiner)**

Das Jahr 1997, in dem die Salzburger Kulturvereinigung ihr fünfzigjähriges Bestehen feierte, begann sehr ungewöhnlich: mit einem von der Salzburger Kulturvereinigung veranstalteten

Neujahrskonzert im Großen Festspielhaus. Die Münchner Philharmoniker konnten dazu verpflichtet werden und feierten mit Beethovens Neunter einen Triumph. Ein weiteres Fixum im Jahresprogramm der Salzburger Kulturvereinigung war entstanden.

2004 wurden die Statuten erneuert. Neben der zusätzlichen, spezifizierten Aufgabe der „Erhaltung des Schaffens Georg Trakls und der Erhaltung und Erweiterung der Trakl-Forschungs- und Gedenkstätte" wird auch festgehalten, dass die Tätigkeit der Salzburger Kulturvereinigung „nicht auf Gewinn gerichtet ist".

Seit Jänner 2009 ist Elisabeth Fuchs die künstlerische Leiterin der Salzburger Kulturvereinigung. Sie absolvierte ein Lehramtsstudium in den Fächern Musik und Mathematik gleichzeitig zum ersten Dirigierunterricht, der schließlich in eine reguläre Ausbildung an der Universität Mozarteum und der Musikhochschule Köln mündete. 1998 gründete Elisabeth Fuchs die Junge Philharmonie Salzburg und will die „Klassische Musik" allen Menschen, vor allem Kindern und Jugendlichen, näherbringen. Um dies zu verwirklichen, gründete sie die Kinderfestspiele Salzburg. Das bisherige Angebot der Salzburger Kulturvereinigung wurde durch sie mit eigenen Zyklen speziell für Kinder und Jugendliche noch interessanter gestaltet.

In der Presse wird die „Hofübergabe" folgendermaßen kommentiert:

99 Altlandeshauptmann Hans Katschthaler hat als Präsident der Salzburger Kulturvereinigung am Freitag die neuen Geschäftsführerinnen offiziell in ihr Amt eingeführt: die Dirigentin Elisabeth Fuchs für die künstlerischen und Josefa Hüttenbrenner für die finanziellen Belange. Damit endete offiziell auch die Ära von Heinz Klier als Generalsekretär. Elisabeth Fuchs ist klug genug, das imposante Bauwerk Kliers […] nicht aus den Angeln zu heben. Die Saison 2009/10 hat ohnedies noch Klier vorbereitet […].66 („**Zwei Damen an der Spitze**", Salzburger Nachrichten vom 10. Jänner 2009)

Wie sieht nun die Organisation des Salzburger Straßentheaters im Speziellen aus? Im Prinzip hat sich am Ablauf seit dem Gründungsjahr nicht viel geändert. Heinz Erich Klier war bis 2009 für die Gesamtleitung zuständig und hat nun das Szepter an Elisabeth Fuchs weitergegeben. Natürlich gibt es noch weitere Teammitglieder. Josefa Hüttenbrenner ist seit 1999 – und auch weiterhin neben ihrer neuen Tätigkeit als Geschäftsführerin – mit der Organisation des Straßentheaters betraut.

99 Ich mache die Spielplangestaltung – auf welchen Plätzen wir spielen, wann wir spielen. Ich halte den Kontakt zu den Gemeinden, den Veranstaltern. Im Prinzip ist es so, dass neunzig Prozent Traditionsgemeinden sind, wo es selbstverständlich ist, dass wir dort spielen und die es auch gern sehen, wenn wir wiederkommen. Das heißt, bei dreißig Vorstellungen muss man vielleicht bei fünf schauen, dass man neue Gemeinden dafür interessiert oder andere überzeugt, dass sie es wieder machen. Es gibt natürlich auch Vorschläge von Klaus Gmeiner oder neue Gemeinden melden sich von selbst", 66 erklärt sie im Gespräch.

Josefa Hüttenbrenner ist unter anderem auch für die Verträge mit den Schauspielern und den Gemeinden zuständig. Diese Verträge mit den Gemeinden beinhalten folgende Forderungen:

- Die Veranstalter müssen einen Ort zur Verfügung haben, der dem Straßentheaterwagen und genügend Zuschauern Platz bietet.
- Die Veranstalter müssen für einen möglichst ungestörten Ablauf sorgen.
- Gebraucht werden Getränke und möglichst nahe Umkleide- und Waschmöglichkeiten für die Schauspieler.
- Für die Schlechtwetter-Variante muss ein Saal mit Bestuhlung und Beleuchtung zur Verfügung gestellt werden.
- Es muss eine zuständige Person ab einer Stunde vor der Vorstellung für „Notfälle" telefonisch oder persönlich erreichbar sein.
- Für die Abendvorstellung muss vom Veranstalter für Scheinwerfer gesorgt werden.

- Die Veranstalter verpflichten sich zur rechtzeitigen Bewerbung der Aufführung.
- Die Gemeinden erklären sich mit Unterschrift des Vertrages dazu bereit, den Wagen abzuholen und/oder wieder zurückzubringen.

Wie genau der Transport organisiert wird, hängt von den jeweiligen vorhergehenden oder nachfolgenden Spielorten ab. Wenn zum Beispiel am Nachmittag in der Stadt gespielt wird, muss die Gemeinde den Wagen in Salzburg für die Abendvorstellung holen und am nächsten Vormittag in die Stieglbrauerei – dem Ausgangspunkt – zurückbringen. Wenn aber in zwei Gemeinden gespielt wird, bringt die erste Gemeinde den Wagen vom vorigen Spielort – oder der Stieglbrauerei – zu ihrem Platz. Die zweite Gemeinde holt ihn von der ersten ab und bringt ihn retour, damit erspart sich jede der Gemeinden die Organisation einer Wegstrecke. Innerhalb der Stadt wird der Wagen nach alter Tradition von zwei Stiegl-Rössern gezogen.

Bis es aber überhaupt soweit ist, dass der Thespiskarren durch Stadt und Land Salzburg fahren kann, bedarf es einer längerfristigen, wenn auch eingespielten Vorbereitung.

Bis November wird die Stückwahl getroffen, noch vor Jahresende läuft die Organisation an. Erste Kontakte zu Gemeinden werden aufgenommen und Schauspielerverträge abgeschlossen. Bis März werden alle Spielorte fixiert und die Behördenanträge gestellt. Im Juni schließlich werden die Plakate und Programme gedruckt und verteilt und der Wagen wird zur Überprüfung geschickt, damit er auch bereit für eine neue Saison des Straßentheaters ist.

Die Pressekonferenz Anfang Juli markiert den Zeitpunkt, zu dem auch mit der Fertigstellung des Bühnenbildes zu rechnen ist. Nur ein paar Tage darauf beginnen die Proben und dann dauert es auch schon nicht mehr lange bis zur Premiere.

Bei der bereits angesprochenen Erstellung des Spielplans gilt es, mehrere Dinge zu beachten. Einerseits muss man die Wegzeiten mit einkalkulieren. Diese sind Erfahrungswerte, da der Wagentransport mit den Pferden viel länger dauert als mit Traktoren oder Ähnlichem. Für die Pferde ist – von der Straßenbeschaffenheit abhängig – nicht jeder Kilometer gleich zu bewältigen. Weiters ist es im Sommer unter wetterbedingten Umständen nicht gut, zu früh zu spielen. Vor allem in einem sehr heißen Sommer ist der Wunsch der Gemeinden oder sonstigen Veranstalter nach einer Abendvorstellung groß. Besonders zu berücksichtigen sind natürlich die Seniorenheime, wo sich der Thespiskarren größter Beliebtheit erfreut, aber die Hitze für das Publikum besonders anstrengend ist.

Die finanzielle Frage spielt seit jeher eine wichtige Rolle, wenn es um den Fortbestand des Straßentheaters geht. Nicht nur einmal in seiner Geschichte war das Unternehmen mangels genügend finanzieller Unterstützung gefährdet. Und das, obwohl:

99 es beim Straßentheater mit der Subvention eigentlich am einfachsten ist, weil Stadt und Land es trotz allem anerkennen und es etwas ist, mit dem wir kein Geld verdienen, sondern es aus Tradition machen. Es ist also das Einzige im Veranstaltungskalender der Salzburger Kulturvereinigung, bei dem seitens der Subventionsgeber nicht gekürzt wird – aber es wird auch nicht mehr. Das Straßentheater wird zur Gänze subventioniert, da spielen wir nichts ein, das ist eine Nullrechnung oder eben sogar ein Defizit66, **erklärt Josefa Hüttenbrenner die Situation.**

Subventionen der Stadt, des Landes und des Bundes, die Beiträge der Gemeinden und der Beitrag für die Beteiligung am Fest zur Festspieleröffnung bilden die Basis des Straßentheaterbudgets. Dazu kommen eine Spende vom Diakoniezentrum Aigen für die dortige Vorstellung, Inserateinnahmen und schließlich der Sammelerlös.

Der künstlerische Erfolg war von Anfang an enorm. Er schlägt mittlerweile in der mehr als doppelt so großen Aufführungsanzahl, dem weit über die Stadt hinausreichenden Wirkungskreis und dem seit der Gründung mittlerweile auf das zehnfache angestiegenen Budgetvolumen zu Buche.

Straßentheaterwagen mit Ensemble, Foto Madner, 1970

6.
Das Salzburger Straßentheater

Seine Entstehung, seine Geschichte(n), seine Produktionen

Derzeit fungiert Klaus Gmeiner als Regisseur und künstlerischer Leiter, Bernd Dieter Müller sorgt für die Ausstattung. Organisator ist die Salzburger Kulturvereinigung.

Die Kostüme und zum Teil auch die Requisiten sind eine Leihgabe des Salzburger Landestheaters.

Geprobt wird am Wagen. Dieser ist in seiner jetzigen Ausstattung 2,2 Meter breit, 5,5 Meter lang, 3,36 Meter hoch und wiegt 3450 Kilogramm.

Bis 2009 verbrachte das Ensemble die erste Proben-Woche im Lokhaus der Stieglbrauerei, die zweite Woche wurde im Hof der Volksschule Maxglan geprobt. Ab 2010 kann das Ensemble im Lehrbauhof die Stücke erarbeiten. Als Stütz- und Treffpunkt für Maskentermine und Abfahrten zu den Spielorten steht die Volksschule Maxglan weiterhin zur Verfügung.

Aufführungen gibt es zwischen Ende Juli und Mitte August zweimal täglich außer am Donnerstag. Bei Schlechtwetter haben die meisten Spielorte eine Innenvariante oder es wird versucht, die Aufführung zu einem anderen Zeitpunkt nachzuholen. Nur Vorstellungen im Hof des Schlosses Mirabell und im Lehener Park werden ersatzlos gestrichen. Die Aufführungsdauer beträgt ungefähr siebzig Minuten.

Der Eintritt ist frei! Über Spenden freuen sich die Veranstalter aber trotzdem.

Vorstellung im Donnenbergpark, Foto Madner, 1970

1. Dekade (1970–1979)

99 Überall, wo der von Pferden gezogene Bühnenwagen auftaucht, erfüllt den Zuschauer das Gefühl des Dabeiseins. Hier stehen sie Seite an Seite: Einheimische, Gäste, Theaterskeptiker und Kunstbeflissene, verbunden durch das gemeinsame Erlebnis von Komödianten und Zuschauern. Das Theater ist wieder bei denen, für die es ursprünglich gedacht war. Die Vorstellungen, die bei freiem Eintritt stattfinden, sollen möglichst breite Kreise aus allen Schichten der Bevölkerung ansprechen, das Publikum unterhalten, den Leuten Freude bereiten, sie aber auch zum Nachdenken anregen, ihnen einen Spiegel vorhalten und sie animieren, nicht nur zum Straßentheater zu kommen, sondern bei nächster Gelegenheit auch einmal ins Theater zu gehen 66, **schreibt die Salzburger Kulturvereinigung auf ihrer Homepage.**

Die Schauspielerin der ersten Stunde Elfriede Ott erinnert sich in ihrem Buch „Phantasie in Ö-Dur" folgendermaßen an ihre Zeit auf der Pawlatschen:

>> Salzburger Straßentheater – das Österreichischste, was es gibt. Die präzise Improvisation. Es war eine Idee, die O.F. Schuh seit fünfzehn Jahren verwirklichen wollte. Im Jahr 1970 hat er es getan. Und ich war drei Jahre lang eines seiner Zugpferde. Zwei meiner Kollegen waren echte Pinzgauer und ziehen hauptberuflich den Bierwagen vom Stieglbräu. Schon die Proben waren himmlisch. Besonders für einen Tagmenschen wie mich. [...] Die Proben waren im Freien. Unter Bäumen im Hof einer Schule. Es war die erste Schule meines Lebens, die ich mit der Zeit lieb gehabt habe. Der Wagen war von der ersten Probe an da. Ursula Schuh hat ihn genial entworfen. Ein riesiger Kasten, außen bemalt. Die Festung Salzburg, angedeutete Vorhänge, in großer Schrift „Salzburger Straßentheater". Die Seitenwand wird heruntergeklappt wie eine Zugbrücke, das ist die Bühne. An den drei Innenwänden steht die Dekoration. Ein bemalter Vorhang, ein Tisch, Stühle, für das jeweilige Stück auswechselbar. Das Ensemble (wieder einmal ein Urteam einer späteren Institution) waren Peter Ertelt, Helly Servi, Fritz Grieb und ich. Und drei Musiker, Schüler vom Mozarteum. Wir spielten „Frühere Verhältnisse" von Nestroy. Die Proben waren angenehm, unproblematisch, Schuh war in seinem Element. Er stand oder saß vor dem Wagen und freute sich. Mein Hund Muserl saß neben ihm auf einem Sessel und wurde von ihm eine Woche lang gestreichelt. So lang war die Probenzeit. Und dann war plötzlich Premiere. Oder vielmehr „erste Vorstellung". Es war ein einziges Abenteuer. Und das hat sich bei keiner Vorstellung mehr geändert.

Salzburg ist ein Ort, an dem selbst abstruse Ideen über das Theater, sofern sie irgendeinen autochthonen Keim haben, zum Tragen kommen können, schreibt Oscar Fritz Schuh in seiner „Salzburger Dramaturgie" 1969. Daß Ideologisches hier nicht lebensfähig ist, ist der große Schutz, den diese Stadt ihren Festspielen gewährt. Denn die ideologischen Mächte sind die einzigen, die das Theater in seiner Substanz bedrohen. Daher auch der Haß, den eine Einrichtung wie Salzburg immer wieder auf sich zieht. Allem Einzigartigen wohnt ein Element der Herausforderung inne. Das ist gut. Und es ist nicht das schlechteste Lebenszeichen.❞

Vielleicht wählte Schuh deshalb Salzburg von all den Städten, in denen er erfolgreich gewirkt hatte, für die Verwirklichung dieser Theaterform. Vielleicht kam ihm die Idee auch erst hier. Aus seinen Schriften lässt sich das leider nicht nachvollziehen. Sicher ist nur, dass er bereits Ende der 50er-Jahre dem Festspieldirektorium seine Pläne vortrug. Damals erhielt er dafür aber keine Unterstützung. 1969 rückte die Verwirklichung schon näher. Oscar Fritz Schuh formuliert in demselben Jahr seine Gedanken in der „Salzburger Dramaturgie":

❞ Was man aber beobachten sollte, sind Erscheinungen in Theater und Drama, die sich vorläufig noch am Rande zeigen und die eine neue Art der Kommunikation zwischen Künstler und Publikum suchen. Hier könnte das Straßentheater, vorläufig noch im Zustand des Experiments, einmal zu einem interessanten und überzeugen-

Probe zu **Frühere Verhältnisse,** Foto Madner, 1970

den Beitrag unserer Zeit werden: ein umherziehender Karren zum Beispiel, vergleichbar dem alten Thespiskarren. Er macht bald an dieser, bald an jener Ecke der Stadt halt; da in einem Hof und dort vor einer Fassade wird für die Dauer einer knappen Stunde gespielt. Die Besucher, die keinen Eintritt bezahlen brauchen, finden sich als Interessenten zufällig ein.

Dieser Versuch des Straßentheaters liegt heute in der Luft. [...] Das völlige Ausschalten eines dekorativen Hintergrunds und die fast hautnahe Berührung mit dem Publikum könnten ein ganz ungewöhnliches Spannungsverhältnis erzeugen. Es gäbe auch nicht mehr den privilegierten Zuschauer, der mit seiner bezahlten Eintrittskarte als Käufer auftritt; das böse Wort vom manipulierten Konsumenten wäre einmal auch aus anderer Sicht widerlegt.❞

Schon 1963, zu einer Zeit also, als das Salzburger Straßentheater noch nicht in Sicht war, plädierte Schuh in einem Buch über „Fragen der Zeit, Antworten des Theaters" für ein Theater, das sich wieder mehr auf seine Wurzeln besinnt.

❞ Das ursprüngliche Theater, das Theater des Aischylos und das Theater Shakespeares, war im Freien. Dort war noch keine trennende Wand errichtet zwischen Zuschauenden und Spielenden. Ein Himmel wölbte sich über allen. Die faktische und begriffliche Trennung von Bühne und Zuschauerraum war in diesem Theater noch nicht in solchem Ausmaß gegeben, wie sie uns heute – leider – ganz selbstverständlich ist. [...] Und da ist es nur selbstverständlich, daß ein Theater, das befreit ist von dekorativem Ballast, das nur den illusionslosen Raum präsentiert, der dann erst von der Phantasie „lokalisiert" und belebt wird, daß ein solches Theater wie kein anderes geeignet ist, den Zug zum Wesentlichen zu geben, alles Ablenkende zu vermeiden und die Sinne des Zuschauers auf das Gleichnishafte hinter der Atmosphäre und der Handlung und den Bildern eines Stückes zu konzentrieren. Um das zu erreichen, habe ich – seit nun schon zwanzig Jahren – versucht, im Verein mit Caspar Neher die Guckkastenbühne zu überwinden.❞

1969 rückte die Verwirklichung seines Traumes nach einem rollenden Theaterunternehmen erstmals in greifbare Nähe. Am 17. Oktober 1969 gibt es im Kulturamt der Stadt einen Amtsvermerk über die möglichen Spielorte:

A) Öffentliche Plätze und Parkanlagen
- Vergnügungspark hinter Berufsschulen
- vor Lehener Kirche
- General-Keyes-Siedlung
- Stölzlpark in Maxglan
- Altersheim Nonntal
- Donnenbergpark (mit Vermerk: „Beste Möglichkeit untere Spielwiese mit Blick zur Festung; landschaftlich ist dies die schönste Spielstätte und bestens geeignet für Fernseh- und Presseaufnahmen")
- Nonntal (Pfitzner- und Schalkstraße)
- Herrnau/Nähe Friedenskirche
- Altersheim Hellbrunn

Wenn gewünscht, können folgende Orte
in Betracht gezogen werden:
- Graf-Zeppelin-Platz in Taxham
- Kasernen
- Baron-Schwarz-Park
- Volksgartenpark
- Hellbrunn

B) Höfe in der Salzburger Innenstadt
- Bürgerspitalshof
- Studiengebäudehof
- innerer Hof der Bundespolizeidirektion
- St.-Peter-Höfe
- Chiemseehof
- Hof des Glockenspiels
- Priesterhaushof
- Mirabell

Am 1. Juli 1969 schreibt Heinz Erich Klier an Landesrat Herbert Moritz:

💬 Im Hinblick darauf, dass dieses Vorhaben geeignet scheint, diversen Studentengruppen den Wind aus den Segeln zu nehmen, da sich damit ja eine Demokratisierung der Festspiele anbahnt, bitten wir Sie nochmals ebenso höflich wie dringend, uns hier Ihre Unterstützung nicht zu versagen. 💬

Allerdings konkretisiert sich der Plan zu knapp, um ins Stadtbudget zu kommen. Die Festspiele lehnen es ab, das Salzburger Straßentheater zu veranstalten. Bei der Wunschbesetzung gibt es ebenfalls Probleme – sowohl Helmuth Lohner als auch Elfriede Ott haben keine Zeit. So entschließt man sich schließlich, das Straßentheater gemeinsam mit dem Fest in Hellbrunn als Sonderveranstaltungen im Jubiläumsjahr der Festspiele 1970 zu planen.

Da aber klar wurde, dass das Straßentheater auf längere Sicht nicht wie ursprünglich von Oscar Fritz Schuh geplant ein Teil des Festspielprogramms werden konnte, brauchte es im Sommer 1970 einige grundlegende Dinge, um das Unternehmen endgültig zu realisieren. Als erstes benötigte man einen Veranstalter, der an das Projekt glaubte und dafür einstand. Der fand sich in der Salzburger Kulturvereinigung. Deren ehemaliger Generalsekretär Heinz Erich Klier sagt über das erste Jahr:

💬 Es war ja so: Ursprünglich sollte das Straßentheater vom Kulturamt geführt werden. Professor Schuh hat scheinbar mit dem Magistrat keine guten Erfahrungen gemacht. Er hat gesagt: ‚Ein Beamtentheater mach ich nicht!' Darum habe ich angeboten: ‚Wir können es ja über die Kulturvereinigung machen! Außerdem bekommt man ja dann auch leichter Subventionen.' Sonst hätte es so ausgeschaut, dass die Stadt allein das finanzieren soll. Dann haben wir das Glück gehabt, dass wir gleich Unterstützung durch die Stieglbrauerei gefunden haben. Die hat uns einen alten Bierwagen zur Verfügung gestellt. Es war eine bewegte Zeit. 💬

Die zweite Tür, die sich 1970 für das Straßentheater öffnete, war die Liberalisierung des aus 1936 stammenden Landesgesetzes zum Schutz der Salzburger Festspiele, das alle öffentlichen artistischen Veranstaltungen außerhalb der Salzburger Festspiele in der Stadt verbot. Von nun an waren solche Unternehmungen zwar meldepflichtig und die Landesregierung behielt sich das Recht vor, bis sechs Wochen vor Festspielbeginn die Veranstaltung zu untersagen, falls sie gegen die Interessen der Festspiele wäre. Trotzdem wurden dadurch das Salzburger Straßentheater und auch das Fest in Hellbrunn rechtlich erst möglich.

1970 war aber auch das Jubiläumsjahr „50 Jahre Salzburger Festspiele", in dem die beiden neuen Veranstaltungen als Sonderprogramme von der Festspielleitung unterstützt wurden. Oscar Fritz Schuh hatte alle Hände voll zu tun.

99 Professor Schuh aber dürfte der Schwerarbeiter der Saison werden. Neben seiner „Zauberflöten"-Reprise inszeniert er im Landestheater für einen Einakterabend Ödön von Horvaths „Figaro lässt sich scheiden" und Arthur Schnitzlers „Zum großen Wurstel" und verwirklicht einen schon einige Jahre alten Traum: Mit einem echten Thespiskarren, auf dem Nestroys Posse mit Gesang „Frühere Verhältnisse" gespielt wird, will er die schönsten Flecken der Salzburger Altstadt erobern. Wörtlich heißt es im Prospekt: Aufführungen vom 25. Juli bis zum 9. August 1970 (nur bei Schönwetter) in den alten Höfen und auf Plätzen der Stadt Salzburg bei freiem Eintritt. – Womit ein weiterer Wunsch des Wahlsalzburgers Schuh in Erfüllung geht: „Ein klein wenig von dem künstlerischen Salzburg sollten auch die vielen Salzburger – die ja ohnehin immer klagen, dass sie keine Karten bekommen – und all jene Salzburgbesucher, die kein Geld für die Festspielhaus-Sitzplätze haben, genießen können.66 (Gästeblatt des Salzburger Volksblattes zu „Jubiläumsfestspiele 70", 9. Mai 1970)

Schuh konnte endlich seine Idee, das Theater zurück zum Publikum zu bringen, an seinem Wunschort Salzburg verwirklichen. Nicht nur wollte er damit eine alte Theatertradition wieder zum

Leben erwecken. Er sah darin auch den Weg, das Theater vor dem Verstauben zu bewahren. Nichts erschien ihm für diese Kunstform bedrohlicher als:

❞ die ständig sanft gleitende Perfektion, die Perfektion findet einmal einen Punkt, wo sie in den Leerlauf überzugehen droht. Deshalb muß das Theater heute von den Rändern her belebt werden. […] Wenn wir Elemente aus dem Zirkus, aus dem Jahrmarkt hereinnehmen, wenn wir eine andere Vermittlungsform zwischen Bühne und Publikum bringen, das Theater sozusagen wieder zu den alten Quellen des volkstümlichen Theaters zurückführen, kann die Bühne dadurch nur gewinnen❞, so Schuh in einem Radiointerview 1971.

Leerlauf und lähmende Perfektion waren und sind bei einem Unternehmen wie dem Straßentheater nicht zu befürchten. Alles war und ist ein Abenteuer. Vor allem im ersten Jahr konnte niemand abschätzen, was alles auf die Teilnehmer zukommen würde. Niemand hatte Erfahrung im Umgang mit Nestroy auf der Straße. Und so machte jeder seine eigenen persönlichen Erfahrungen. Elfriede Ott zum Bespiel schreibt in ihrem Buch „Phantasie in Ö-Dur" später:

❞ Die Garderobe: Ich muß mich ja auch umziehen. An der Hinterwand des Wagens hängt ein Spiegel, ein paar Stockerl sind aufgestellt (auf einem liegt mein Hund Muserl). Das ist der Ort des Umziehens. Bei der Premiere war ich sehr erstaunt, daß fast ebenso viele Leute hinter dem Wagen standen wie vorn, weil sie dort keinen Platz mehr bekommen hatten. So haben sie wenigstens auch was gesehen. ❞

Auf eine Journalistenfrage, wer beim Salzburger Straßentheater spielen sollte, antwortet Schuh:

❞ Allererste Schauspieler, ich finde immer, dass in Salzburg immer nur eines tödlich war, wenn wir sozusagen auf das zweite Gleis

Peter Ertelt, Helly Servi, Elfriede Ott und Fritz Grieb am Wagen, Foto Madner, 1970

ausgewichen sind. Es gibt bei Festspielen keinen Unterschied in der Qualität. Der gezahlte Preis ist nicht abhängig von der sängerischen oder schauspielerischen Leistung, sondern für Festspiele ist das Beste gerade gut genug. Nur wenn wir eine Sache so exemplarisch darstellen, mit allen ersten Wiener Schauspielern, dann haben wir die Möglichkeit, so eine Theaterform neu zu inthronisieren. Die nur deshalb neu ist, weil sie für lange Zeit aus unserem Gedächtnis und aus unserem Bereich entschwunden ist.❝

Am 6. November 1969 schickt die Kulturvereinigung ein Ansuchen an die Stieglbrauerei um die Leihgabe eines Wagens. Und diese stellt daraufhin einen alten Bierwagen zur Verfügung, den Ursula Schuh adaptiert und den Bedürfnissen des Straßentheaters anpasst. Die fahrende Bühne ist im zusammengeklappten Zustand 1,80 Meter breit, 4,55 Meter lang und 3,50 Meter hoch und wiegt 3450 Kilogramm.

Die Premiere des Straßentheaters findet am 25. Juli 1970 unter der Patronanz der Salzburger Festspiele im Schloss Mirabell statt.

Elfriede Ott erinnert sich:

❞ Mirabell. Der große Hof. Wir, das Ensemble, sitzen beim Kutscher am Bock, fast aufeinander, schon in Maske. Das war das einzige „Vornehme" an dem Unternehmen: Die Kostüme wurden wie für „richtige" Schauspieler in den Werkstätten des Festspielhauses gemacht. Übrigens mit sehr viel Liebe. Unsere G'wandeln inmitten der kostbaren Kostüme – das war wie ein Einbruch der Straßenkomödianten in die glanzvolle Salzburger Festspielatmosphäre. Beim Einfahren in den Mirabell-Hof sind die Leute schon auf der Straße gestanden, haben uns zugewinkt, Sträußerln in die Hand gedrückt. Wir waren so aufgeregt, daß wir das alles nicht wahrnehmen konnten. Unser einziger Gedanke: Wie kommen wir da drüber? Das sind ja mindestens tausend Menschen! Wie werden die uns verstehen? Werden die dableiben? Da können wir nicht „spielen", da müssen wir „rufen". – Und sie haben uns zugehört – und wir haben gerufen. Aber wir haben gespielt.❞

Frühere Verhältnisse, Premiere im Hof von Schloss Mirabell, Foto Madner, 1970

Vorstellung im Hof des Bürgerspitals, Foto Madner, 1970

Die Presse schenkt dem neuen Unternehmen einige Beachtung. In den Salzburger Nachrichten wird am 23. Juli 1970 das Straßentheater als „Festspiel für die Salzburger Bevölkerung" angekündigt. Nach der Premiere im Hof des Schlosses Mirabell, zu der auch Bundespräsident Jonas gekommen war, finden weitere achtzehn Aufführungen in der Stadt in der Zeit vom 25. Juli bis 9. August statt. Gespielt wird zweimal täglich jeweils um 16 und um 17.30 Uhr.

Ein paar Dinge gehen auch schief. Bei der ersten Vorstellung im Hof des Bürgerspitals zum Beispiel löst das Versperren des Hofes bei der Presse Unmut aus. Die Salzburger Kulturvereinigung hat den Spielort extra deshalb ausgewählt, weil er die Möglichkeit bietet, durch das Schließen des Tores ein ständiges Kommen und Gehen der Zuschauer zu verhindern. Man wollte den Schauspielern möglichst viel Ruhe garantieren. Eben diese Geste wird aber von einigen gründlich missverstanden. Die Salzburger Nachrichten berichten am 27. Juli 1970:

99 Bei der Premiere am Samstag machte behördlich gepflegte Autoritätsgläubigkeit und mangelnde Zivilcourage die Übung der Demokratie zur Farce, bei der zweiten Vorstellung am Sonntag zielte der Übereifer des Veranstalters haargenau an der Idee vorbei. Um Punkt 16 Uhr schloss ein Hüter des Gesetzes das Gittertor zum Hof des Bürgerspitals und ließ zwar des Schauens unlustige Touristen aus dem Hof heraus, nicht aber die etwa dreißig schaulustigen Theaterfreunde zu den Übrigen in den Hof hinein. Was half es, dem Hüter des Gesetzes zu erklären, dass der Sinn des Straßentheaters eben darin läge, dass keine Gitter den Zuschauer vom Theater trennten. Was konnte es helfen? Er hatte Weisung von einem Obermagistratsrat, der auch noch der Veranstalter und Organisator des Straßentheaters ist [...].66

Der Generalsekretär der Kulturvereinigung, Heinz Erich Klier schreibt an Gottfried Kraus, Kulturredakteur der Salzburger Nachrichten, noch am selben Tag:

❯❯ Pressefreiheit ist keine Narrenfreiheit! Mit anderen Worten: Bevor man scharf schießt, soll man sich als verantwortungsbewusster Journalist erkundigen. Im Falle Straßentheater hätte eine Erkundigung bei mir oder der Salzburger Kulturvereinigung, die sehr viel mitgeholfen hat, dass die Salzburger zum Jubiläumsjahr der Festspiele sich gratis ein Stück von Nestroy ansehen können, ergeben, dass auch ich bis zum Samstag eine andere Vorstellung vom Straßentheater gehabt habe. Allein man macht bei einem Experiment, und um ein solches handelt es sich beim Straßentheater, eben seine Erfahrungen.

Darunter vor allem die, dass man von einem Wagen herab höchstens an die 400 Besucher in seinen Bann ziehen kann. Ein Hof kann also noch so groß sein, es hat keinen Sinn, mehr als 400 Besucher einzulassen, weil das Mehr an Leuten nicht gut sieht und hört, daher unruhig wird und in der Folge die anderen Besucher nur durch Herumgehen und lautes Reden stört. Weiters hat sich herausgestellt, dass das ständige Kommen und Gehen selbst routinierte Schauspieler nervös macht. Diese und der Bearbeiter des Stückes, Herr Professor Hans Weigel, haben daher den Veranstalter des Straßentheaters sehr nachdrücklich […] gebeten, dort, wo es sich machen lässt, also in den Salzburger Höfen, nach Vorstellungsbeginn die Tore zu schließen. Wir haben darauf am Sonntag im Bürgerspitalhof dies so gehandhabt und alle Zuspätkommenden auf die 90 Minuten später stattfindende Aufführung im Hof des Priesterhauses verwiesen. […] Wir wollen mit dem Straßentheater lieber weniger Leuten eine echte Freude bereiten als letztlich allen den Besuch desselben verleiden. Im Übrigen darf ich Ihnen noch mitteilen, dass der Herr Obermagistratsrat vergangenen Sonntag für Sie jederzeit an Ort und Stelle zu erreichen gewesen wäre, um Sie über die Gründe dieser von anderer Seite geforderten Maßnahme aufzuklären. ❮❮

Zu generellen Absperrungen ist es seither beim Salzburger Straßentheater nicht mehr gekommen. Am 7. August 1970 informiert Heinz Erich Klier Hans Weigel – er war nicht nur als Begleitung seiner Frau Elfriede Ott, sondern auch als Bearbeiter des Nestroy-

Dirigent Karl Böhm wurde zum treuen Stammgast, Foto Madner, 1970

Textes an dem Unternehmen beteiligt, dass die Straßenreinigung darum gebeten hat, die Programme mögen künftig doch etwas kosten, damit das Publikum die Zettel nicht einfach achtlos wegwerfe.

Von solcherlei Anfangsschwierigkeiten abgesehen, entpuppt sich Schuhs Idee als voller Erfolg; das Konzept – erste Schauspieler, die auch bei den Festspielen mitwirken, geführt von einem der Regisseure der Festspiele – geht auf. Rund 14.000 Besucher sehen in achtzehn Vorstellungen Johann Nestroys „Frühere Verhältnisse". Der berühmte Dirigent Karl Böhm ist einer von ihnen.

In den Jahren, als er in Salzburg bei den Festspielen dirigierte, besuchte er immer auch eine Aufführung des Straßentheaters. Elfriede Ott erzählt, dass im ersten Jahr das für ihn bereitgestellte Stockerl direkt neben den Musikern, die die Nestroy-Couplets begleiteten, platziert wurde. Sie wären daraufhin derart eingeschüchtert gewesen, dass ihr Spiel nicht so glatt wie gewohnt von der Hand ging. Wie dem auch immer war, schüttelte der Maestro den Musikern die Hand mit den lobenden Worten: „Gut seids, Kinder. Sehr gut!"

99 Die Idee dieses ersten Salzburger Straßentheaters ist bestechend. Sie entspricht einer machtvollen geistigen Strömung, die die städtischen Bereiche der hochtechnisierten Länder erfasst hat: dieser Sehnsucht nach ungezwungener Natürlichkeit, nach einer Vermenschlichung des Daseins. [...] Der geistige Hintergrund macht die großen Vorzüge und die kleineren Schwächen des Salzburger Straßentheaters verständlich. Die Fragwürdigkeit liegt im Manierismus. In der Vorspiegelung einer Kunstform – und damit einer Atmosphäre, die nicht mehr existiert. Die Komödianten ziehen längst nicht mehr auf einem von schweren Bierwagenpferden gezogenen Karren durch das Land. Sie sitzen im Flugzeug. Sie sind nicht mehr einfache und naive Possenreißer, versoffene Genies, galante Halbweltdamen, sondern – scheuen wir dieses hässliche Wort nicht – Spezialisten. [...] Das Straßentheater aber fährt romantisch herbei, beschwört verschwundenen Komödiantenzauber. Ist damit die herbeigesehnte Einfachheit wirklich wiedergewonnen?

Frühere Verhältnisse zieht Jung und Alt an, Foto Madner, 1970

[…] Von Oscar Fritz Schuh stammt die gewiss hübsche Idee. Er hat sie vortrefflich verwirklicht: technisch perfekt und zudem von den guten Geistern der Improvisation beseelt. Seine Inszenierung hat nicht nur Schwung. Sie ist von einer herzerwärmenden Intimität erfüllt, von einer burschikosen Fröhlichkeit, die dem heiteren Spiel jede Freiheit lässt, ohne dabei die Bitternis des beinahe tragischen Schwanks zu verleugnen. Die Deftigkeit, ja zuweilen sogar Derbheit dieses Stils wirkt befreiend, zudem macht sie die Handlung deutlich: für eine Menschenmenge, die gepackt werden will, die sich jederzeit zerstreuen könnte. […] Man sieht: Manche theoretischen Einwände verflüchtigen sich angesichts dieser Fröhlichkeit. Etwas liegt in diesem Salzburger Straßentheater, das bezaubert. Ist es der Zeitgeist? Es ist ein guter Geist❞, **lobt György Sebestyén im Artikel „Heiterkeit unter freiem Himmel" der Salzburger Nachrichten am 27. Juli 1970.**

Aber es gab nicht nur positive Rückmeldungen. Paul Blaha urteilt im Kurier unter dem Titel „Schmäh auf Radln" folgendermaßen:

💬 Mit zwei unschuldigen Pinzgauern der Stieglbrauerei, der Idee vom alten Thespiskarren und dem Mund voll Phrasen zog O.F. Schuh, der seit Jahren Glücklose, aus, dem Volk von Salzburg einen irrigen Begriff des Straßentheaters zu vermitteln. Siebzig Minuten darf der „kleine Mann", für den die Festspielhäuser unerreichbar, unerschwinglich sind, sich fortan an verschiedenen öffentlichen Plätzen und in zugänglichen Höfen die Füße gratis in den Bauch stehen. Die solcherart demokratisierten Festspiele beiderseits der Salzach wurden um ein signifikantes Beispiel österreichischen Dulijöh-Theaters von beträchtlicher Senilität bereichert. Die Straße als geistiger Raum. O.F. Schuh in allen Gassen. Dubios ist dies Unternehmen vom Anfang bis zum Ende, vom Vorsatz bis zur Durchführung. Denn was da prätentiös zeitbezogen als Straßentheater volkstümlich sich gebärdet, ahmt nicht nur die vor etlichen Jahren von den Wiener Festwochen (weitaus besser) kreierten Pawlatschen-Aufführungen nach; die fahrbare Kopie, altbacken, ranzig und irreführend, spekuliert mit Bodenständigkeit und Tradition; operiert opportunistisch mit modischen Schlagworten und verlogenen Surrogaten für Naivität; verfälscht Ursprünglichkeit zu Kitsch. […] Das alles ist unsagbar billig. Nicht ein echter Ton entschlüpft der festgefahrenen Routine; Sentimentalität, Unnatürlichkeit, Aufdringlichkeit. […] Das hat mit Theater, mit Gestaltung nichts zu tun. Es ist nicht einmal lustig. Nur unerträglich. Alles, der ganze Pawlatschen-Karren, den O.F. Schuh seiner Salzburger Aktivität vorspannte, ist ärgerlich und unerträglich. Hinter der Zeit und eitel. Wiener Schmäh auf Radln. Verlogenheit, Firlefanz verabreicht man dem Volk. Und dann wundert man sich, wo der Kontakt zur Kunst, wo Österreichs Kultur bleibt. 💬

Dem Publikum aber gefällt es und so wird das erste Jahr ein Erfolg. Elfriede Ott beschreibt die Zuschauer am Salzburger Straßentheater in ihrem Buch folgendermaßen:

💬 Es ist ein Publikum, das man sich erträumt. Es sind die Menschen, die kommen, um ein Stück zu sehen. Es sind Fremde, Festspielgäste, Leute, die zufällig vorbeikommen, viele, von denen ich überzeugt bin, daß sie noch nie in einem Theater waren, die Salzburger, die keine Gelegenheit haben, die Festspielvorstellungen anzuschauen, alte Leute, um die wir Angst hatten, daß sie nicht so lange stehen können, aber sie konnten! Und Kinder! Zwischen uns und den „Leuten" war eine Mauer von Kindern. Und die zu überwinden, war jedes Mal die große Kunst. Zum Teil suchten sie sich ihre Plätze selber aus. Um besser zu sehen, kletterten sie seitlich auf den Wagen. Die Mütter riefen ihren Kindern zu: „Hansi, tu schön brav sitzen!" – „Karli, siagst a wos?" – „Tuts schön still sein!"

Dann ein Flugzeug, dann Glocken, dann Donner, Blitz, Regen! Alle spannen Schirme auf, keiner denkt daran, daß wir aufhören könnten. Auch wir spielen mit aufgespannten Schirmen! Es macht alles nichts!

Riesenapplaus, Jubel, weil der Muffl zum Scheitermann gegen Schluß sagt: „Du, das is ja gar net deine Frau." Das Stück hat gesiegt. Die Leute wissen nicht mehr, von wem es geschrieben ist, wer da spielt – Herr und Frau Scheitermann, der Muffl und die Peppi, sie allein sind wichtig und werden geliebt oder abgelehnt. Je nachdem, wie sie sich benehmen. Und es ist nicht wie im geschlossenen Theater, wo durch die Wände die sogenannte „Stimmung" eingefangen ist. Wo wir jeden Abend zittern müssen: Wie sind die Leute heute? Ist einer drin, der schlecht strahlt, der alle vermiest? Überwiegt das Positive oder das Negative? Wenn wir nur gewinnen, wenn wir nur stärker sind! – Dieses Leiden gibt es nicht unter freiem Himmel. Da hat man immer das Gefühl, heute sind dieselben drin, oder vielmehr draußen, wie gestern. Wenn man das Abenteuer der äußeren Umstände bestanden hat, dann bietet sich eine offene Hand dar, die man nur ergreifen muß.❞

Man ist wild entschlossen, aufgrund des großen Echos bei der Salzburger Bevölkerung, das Straßentheater auch 1971 wieder zu veranstalten. Es erweist sich allerdings als ziemlich schwierig. Am 28. Mai 1971 antwortet Tassilo Nikola, der Direktor der Festspiele, Heinz Erich Klier auf dessen Frage, ob auch in diesem Jahr das Straßentheater wieder im Festspielkatalog aufscheinen würde:

O.F. Schuh, Landeshauptmann Hans Lechner und Heinz Erich Klier, Foto Anrather, 1975

❯❯ Leider ist unsere letzte Prospekt-Auflage schon in Druck. Außerdem ist in einer Kuratoriumssitzung expressis verbis festgehalten worden, daß die Salzburger Festspiele im heurigen Jahr weder mit „Straßentheater" noch „Fest in Hellbrunn" in Verbindung gebracht werden dürfen, da dies im Jubiläumsjahr eine Einmaligkeit bedeutet haben soll.❮❮

Seitens des Bundes wurde die Meinung vertreten, dass ein subventioniertes Festival keine anderen kulturellen Aktivitäten finanziell unterstützen könne. Im Laufe der Diskussion kam es zu politischen Zuschreibungen. So wurde beim Fest in Hellbrunn ÖVP- und beim Straßentheater SPÖ-Nähe geortet. Der damalige Landeshauptmann Hans Lechner sagt dazu 1993 im Interview mit Hans Widrich (ehemaliger Pressechef der Salzburger Festspiele):

Theater in der Vorstadt, Foto Anrather, 1971

99 Ich hab immer sehr lachen müssen über diese Zweiteilung. [...] Richtig ist, dass dann für Hellbrunn Frau Stadtrat Weiser der treibende Geist war, aber zuerst ging die Idee unbestritten von den alten Herrn Holzmeister und Tratz aus; [...] gerade Oscar Fritz Schuh hat mir, wie ich Landeshauptmann war, das Straßentheater so nahe gebracht, dass ich geglüht habe für diese Idee und ich kann mich nicht erinnern, dass ich bei der sozialistischen Partei bin. 66

Da man seitens der Landesregierung das Straßentheater als ideale Ergänzung zu den Festspielen sieht, fördert sie das Theaterunternehmen auch ohne organisatorische Hilfe der Festspiele und so ist die neue Saison gesichert. Die Erwartungen sind groß. In den Salzburger Nachrichten wird das Straßentheater in der Festspielbeilage folgendermaßen angekündigt:

Vorstellung im Lehener Park, Foto Anrather, 1971

❞ Die Festspiele wurden im Vorjahr zu ihrem Jubiläum durch ein Experiment bereichert: das Straßentheater. Oscar Fritz Schuh hatte Nestroys „Frühere Verhältnisse" für die Bühne auf dem Pferdewagen inszeniert. Der Versuch übertraf alle optimistischen Erwartungen bei weitem. Überall, wo das fahrbare Theater auftauchte, wartete bereits eine große Zuschauermenge. Das Interesse ließ bis zum Ende der Serie von 18 Aufführungen nicht nach. Dies hat die Veranstalter bewogen, trotz Schwierigkeiten mit der Finanzierung, das Unternehmen Straßentheater in diesem Jahr zu wiederholen. Heuer ist es nun kein Experiment mehr. Oder doch? Tatsächlich muss auch heuer etwas erprobt werden. Denn gespielt wird die Szenenfolge „Theater in der Vorstadt" von Karl Valentin. Das Vorurteil ist weit verbreitet, dass Valentins Theater eng mit seiner Persönlichkeit als Darsteller und der seiner Partnerin Liesl Karlstadt verknüpft gewesen sei. Dieses Vorurteil werden O.F. Schuh, der auch heuer wieder Regie führt, und seine Schauspieler zu widerlegen haben.❞

Vorstellung im Hof des Bürgerspitals, Foto Anrather, 1971

Und auch das gelingt mit Leichtigkeit. Vor allem Elfriede Ott und Alfred Böhm eroberten die Zuschauer im Sturm. 18.000 Besucher kommen in zwanzig Vorstellungen.

Dabei war lange nicht klar, ob die Premiere überhaupt planungsgemäß über die Bühne gehen würde. Elfriede Ott war am Vortag mit einer Nierenkolik ins Krankenhaus gebracht worden. Sie ließ sich dadurch vom Thespiskarren nicht fernhalten, brachte aber sicherheitshalber einen Arzt mit zur Vorstellung.

Aus den Fehlern des Vorjahres lernend, wurden vierzig Soldaten zu Absperrzwecken bestellt – keine totale Absperrung also, aber dennoch eine bestmögliche Abschirmung für die Schauspieler und ihr Publikum.

Ebenfalls auf das erste Jahr reagierend, wurden die Programmzettel à 2,– Schilling verkauft. Durch diesen ungeplanten zusätzlichen Erlös konnten abschließend dem Kutscher sogar 500,– Schilling als Dank ausbezahlt werden. Zeitungsnotizen über das Salzburger Straßentheater finden sich in diesem Jahr nicht nur in den Salzburger Nachrichten, sondern unter anderem auch in der Krone, der Presse, der Münchner Abendzeitung, im Hamburger Tagblatt, in Rheinpfalz, in den Kieler Nachrichten, der Süddeutschen Zeitung, dem Münchner Merkur und der Frankfurter Allgemeinen Zeitung.

Paul Blaha, der im Jahr zuvor das Unternehmen förmlich zerrissen und der Pawlatschen keinerlei Überlebenschancen gegeben hat, schlägt im zweiten Jahr mildere Töne an – wenn die Kritik auch noch immer sehr heftig ist:

> Einige Köstlichkeit bleibt, vermag sich durchzusetzen; die Stehleute lachen rechtens ohne Eintritt, amüsieren sich redlich. Nur: Deklarierte man den Jux auf Radeln als das, was er ist, nämlich die gute, alte Pawlatsche, bekäme dies der Sache besser. Die Kopie des „Fahrenden Volkes" führte weniger zu Lug- und Trug- und Kurzschluss. Spielt weiter, Ihr freundlichen Komödianten, streicht aber die Formulierung „Straßentheater" vom Theaterzettel. Bleiben wir doch ehrlich.

Dass das mediale Interesse an dem – vielleicht noch als Kuriosum gesehenen – Straßentheater auch 1971 besteht, zeigt aber auch allein die Tatsache, dass der Bayerische Rundfunk die Vorstellungen am 29. und am 31. Juli im Aiglhof und im Hof von Schloss Mirabell aufzeichnet. Das mag natürlich nicht zuletzt auch der Programmierung eines Karl-Valentin-Stückes zu verdanken gewesen sein.

Neben den Einnahmen zu diesen Dreharbeiten und der Subvention von Stadt und Land Salzburg und dem Unterrichtsministerium subventioniert auch die Kammer für Arbeiter und Angestellte das Straßentheater. Die Begründung ist, dass die Idee unterstützenswert sei, Festspielprogramm für die Salzburger zu machen und nicht denen Kultur im Sommer vorzubehalten, die sich Festspielkarten leisten können. Auf diese finanzielle Hilfe konnte sich die Kulturvereinigung in Folge etliche Jahre verlassen. Alles in allem kann Heinz Erich Klier eine ausgeglichene Bilanz der zweiten Saison des Straßentheaters vorweisen.

Elfriede Ott beim Dirigieren am Alten Markt, Foto privat, 1971

Bei der „Theater in der Vorstadt"-Inszenierung 1971 spielte Elfriede Ott den Dirigenten.

Als der unvergessene Karl Böhm davon hörte, bot er der von ihm verehrten Schauspielerin Dirigier-Nachhilfe an. Als er sich vom Beigebrachten überzeugen wollte, wurde ihm für eine Vorstellung in gewohnter Weise ein Hocker bereitgestellt. Doch man konnte ihn bald nicht mehr sehen. Die Kinder umringten ihn und setzten sich auf seinen Schoß, um es bequemer zu haben. „Er hat es genossen", erinnert sich Elfriede Ott.

1972 beginnen alle von einer Institution zu sprechen, als der Wagen ab dem 25. Juli wieder durch die Stadt rollt. Abermals setzt Schuh auf den im Vorjahr so erfolgreichen Karl Valentin. 16.000 Besucher sehen in achtzehn Vorstellungen seine „Raubritter" mit den Publikumslieblingen Elfriede Ott und Alfred Böhm. Sie müssen dafür eigens von Franz Stoß – Direktor des Theaters in der Josefstadt – für den Zeitraum des Salzburger Straßentheaters freigegeben werden, da zu diesem Zeitpunkt auch Ende Juli noch in Wien Theater gespielt wird und die Stücke dementsprechend disponiert werden müssen. In den Salzburger Nachrichten vom 26. Juli 1972 steht als Anekdote von der Premiere:

Alfred Böhm als Wachtposten Bene, Foto Anrather, 1972

>> Ein Trommlersolo musste Alfred Böhm [...] bei der ersten Vorstellung des Salzburger Straßentheaters Samstag im Hof des Schlosses Mirabell als Draufgabe spielen, als Bundespräsident Jonas allen Darstellern Blumensträuße überreichte. Nachdem er den Damen des Ensembles für deren Darbietungen gedankt hatte, meinte er zu Alfred Böhm: „Für sie ist auch ein Blumenstrauß vorgesehen. Den bekommen sie allerdings erst, wenn sie uns noch einmal auf der Trommel vorspielen." Böhm ließ sich nicht lange bitten und demonstrierte sein rhythmisches Gefühl so lange, bis Franz Jonas leicht erschüttert meinte, „ich glaube, das reicht." <<

Aber auch eine Institution können Geldsorgen plagen. In der Salzburger Volkszeitung beschwert sich Schuh darüber, dass das Bundesministerium für Unterricht und Kunst mit Subventionen knausert – und das bei einem Theaterunternehmen, wo ohnehin schon alle Beteiligten Einbußen hinnehmen für den Dienst am Theater. Ott und Böhm spielen für bis zur Hälfte der Gage, die sie an einem anderen Theater im gleichen Zeitraum verdienen könnten.

Der damalige Generalsekretär der Salzburger Kulturvereinigung, Heinz Erich Klier, erhält Ende Juli einen Brief von Walter Lebender aus Hanau. Er habe mit Bestürzung gelesen, dass der

Elfriede Ott als Trommlerbua Michl, Foto Anrather, 1972

Fortbestand des Straßentheaters aus finanziellen Gründen gefährdet sei und biete sich als Mäzen an. Da sich die Hoffnung, ohne Hilfe abermals ausgeglichen zu bilanzieren, nicht erfüllt, kommt dieses Angebot gerade recht und wird dankend angenommen.

Abgesehen vom fehlenden Geld beklagt Schuh auch das Nichtvorhandensein einer Schlechtwettervariante in der Stadt. Sein Vorschlag, das Neutor dafür zu verwenden, stößt allerorts auf Gelächter und Unverständnis – ist doch das Neutor eine der Hauptverkehrsadern in die Stadt hinein und eine (noch dazu eine unter Umständen sehr kurzfristige) Sperre für eine Theateraufführung undenkbar. In einzelnen Fällen wurde dann aber dennoch in späteren Jahren eine Notlösung gefunden. So erinnert sich zum Beispiel Peter Uray:

99 Manchmal war es ein bisschen anstrengender, wie in der Einfahrt zur Residenz, der Regenvariante vom Spielort am Waagplatz – das war ja nicht weit weg. Da hat es gehallt und die Leute sind

Die Raubritter, Premiere im Hof von Schloss Mirabell, Foto Anrather, 1972

davongelaufen und es standen noch ein paar mit Schirmen herum und wir haben gespielt unterm Dach. Es waren schon Spielstätten, wo man noch mal improvisieren musste, aber man hat das ja auch genommen, man war ja auch noch jünger. Und wir haben immer, so lang es ging, gespielt. Damals war ja noch die Regelung, dass bei 25 Vorstellungen man erst ab 20 gespielten Vorstellungen alle bezahlt bekommen hat. Wenn man es dann absagen musste wegen Schlechtwetter, das war schon …
So sind wir halt gestanden und sind ganz nass geworden und haben durchgehalten – das Publikum mit Schirmen – damit wir die Gage bekommen.❞

In den Gemeinden, die nach und nach als Spielorte dazukommen sollten, stellte sich dieses Problem nicht mehr, da ja laut Vertrag ohnehin für eine Schlechtwettervariante gesorgt werden musste.
    Schon sehr schnell schien Schuh in die Verlegenheit der Stückwahl gekommen zu sein. Sei es, weil er selbst von dem großen

Die Raubritter, Hof von Schloss Mirabell, Foto Anrather 1972

Erfolg überrascht wurde, oder die Schwierigkeit, ein passendes Stück zu finden, unterschätzt hatte.

Über mögliche Texte sinniert er 1972 im Programmheft des Straßentheaters:

99 Es ist ein Theater, das Wort und Spiel gleichzeitig produziert. Das Wort lebt aus der Geste und die Geste aus dem Wort. Wenn wir, wie es der Wunsch ist, auch neuere Autoren für das Straßentheater interessieren wollen, muß dieser Weg kontinuierlich weiterbeschritten werden. Wir stehen erst am Anfang eines Unternehmens und die bewegliche Bühne könnte, wenn es eines Tages die Mittel erlauben, noch viel variabler gestaltet werden, mit mehreren Spielflächen, fast schon dem Stationentheater früherer Zeiten verwandt. Und sie muß aus dem süddeutschen Raum leben. Auch die Kasperlkomödien des Grafen Pocci, für den sich die jungen Dramatiker wieder zu interessieren beginnen, dürften in diesem Zusammenhang nicht fehlen. Zwischen „Totentanz" und „Hanswurst-

theater" ist oft nur ein kleiner Grad. Leben und Sterben sind in beiden Gattungen in jedem Augenblick evident.❞

Der in diesem Zusammenhang erwähnte Pocci sollte tatsächlich bald, nämlich 1975 Autor eines Straßentheaterstückes sein. Aber für 1973 überlegt sich Schuh etwas Besonderes. Lotte Ingrisch erhält von ihm den Auftrag, extra für das Straßentheater in Salzburg ein Stück zu schreiben. Außerdem nimmt die Salzburger Kulturvereinigung mit Peter Turrini Kontakt auf, der – wie Lotte Ingrisch für 1973 – Interesse bekundet hatte, für das Straßentheater ein Stück für 1974 zu schreiben. Dieser Plan allerdings sollte nie in die Tat umgesetzt werden.

Vorstellung trotz Schlechtwetter

Zu Jahresende 1972 kommt eine abermalige Absage der Salzburger Festspiele an die Salzburger Kulturvereinigung.

Die Heiratsschwindlerin, Fotos Neuper 1973

Am 21. Dezember 1972 schreibt Josef Kaut an Heinz Erich Klier:

❞ Das Kuratorium der Salzburger Festspiele hat sich in seiner gestrigen Sitzung mit der Frage „Fest in Hellbrunn" und „Straßentheater" befasst und die Direktion der Salzburger Festspiele ermächtigt, den beiden Institutionen technische Hilfe zu gewähren, nicht aber finanzielle Leistungen zu erbringen.❞

Das Jahr 1973 wird nichtsdestotrotz in vielerlei Hinsicht ein sehr erfolgreiches Jahr mit einigen Neuerungen. Zunächst einmal wird Oscar Fritz Schuh künstlerischer Leiter des Festes in Hellbrunn. Außerdem wird erstmals ein zeitgenössisches Stück gespielt. Lotte Ingrischs „Die Heiratsschwindlerin" wird zwischen dem 25. Juli und dem 9. August 19 mal gespielt. Zur Premiere am 25. Juli steht in einem Artikel von Doris Esser in den Salzburger Nachrichten:

> Ein Theaterwagen voll mit schwarzem Humor – „Jedes Jahr ist für uns immer wieder ein Experiment" zieht Schuh die Bilanz. „Wir haben mit Nestroy begonnen, dann mit Valentin fortgesetzt. Für dieses Jahr baten wir Lotte Ingrisch, ein Stück für das Straßentheater zu schreiben. Ein Stück, das aus der Tradition Nestroy-Horvath kommt. Es hat diesen schwarzen Humor, dieses Spiel mit dem Negativen, das zu einem scheinbaren Happy End führt."

Zu einem besonderen Ereignis dieses Jahres werden die Gastspiele des Straßentheaters in Duisburg und Düsseldorf. Dem Publikum dort präsentiert man allerdings das Erfolgsstück der ersten Stunde. Am 20., 22. und 24. August gastiert das Salzburger Straßentheater mit den „Früheren Verhältnissen" mit jeweils zwei Vorstellungen pro Tag in Duisburg im Rahmen der Duisburg-Woche, vom 18.–22. September in Düsseldorf. Heinz Erich Klier erinnert sich an so manches Abenteuer:

> Wir waren bei einer Österreichwoche in Düsseldorf. Bundeskanzler Kreisky hat gemeint, dass es schön wäre, wenn das Salzburger Straßentheater dort auftreten würde. Die Düsseldorfer haben das finanziert und uns auch nach Duisburg vermittelt. In Düsseldorf haben wir Schwierigkeiten gehabt, wir haben ihnen gesagt, wir brauchen starke, schwere Brauereipferde. Die haben da scheinbar keine aufgetrieben und haben uns Rennpferde eingespannt.
>
> Das war sehr dramatisch, wie die losgelegt haben. Aber das Beste war, dass wir nicht recht wussten, wo wir spielen sollten. Ich bin hingefahren, weil ich mir das vorher anschauen wollte, und bin dann in den Düsseldorfer Stadtpark gegangen und habe gesagt:

Tritschtratsch, Premiere im Lehener Park, Foto Anrather, 1974

‚Da könnten wir spielen.' Da haben die gesagt: ‚Da haben wir noch nie gespielt.' Sie haben es aber akzeptiert und spielen auch jetzt noch dort. Sie waren dankbar, dass wir dort die Vorreiter waren und ihnen das sozusagen erschlossen haben.❞

Die Saison 1974 beginnt mit Reparaturarbeiten. In den Werkstätten der Salzburger Festspiele wird der Wagen repariert und erneuert.

Bundespräsident Rudolf Kirchschläger kommt zur Premiere. Und auch das Publikum kommt wieder zahlreich. Unglaubliche 16.000 Menschen zählt die Kulturvereinigung in den insgesamt 19 Vorstellungen von Johann Nestroys „Trischtratsch".

❞ Von weitem ist eine Musikkapelle zu hören; auf diese Weise wird akustisch signalisiert, wo das Spektakel vonstattengeht. In einem großen Halbrund stehen dicht gedrängt die Menschen, als erwarteten sie eine Besonderheit, die mindestens der Landung eines Zeppelins gleichkommen müsste. Das ist das Faszinierende am ganzen Unternehmen: Angesichts der großen Menge, die gekommen ist,

Das Ensemble verbeugt sich nach der Premiere, Foto Anrather, 1974

wird augenscheinlich, dass Theater mit einem elementaren Bedürfnis zu tun hat.❞ (Werner Thuswaldner in den Salzburger Nachrichten, 26. Juli 1974)

Nach der letzten Vorstellung lädt der Bürgermeister alle Beteiligten ins Stieglbräu zum Essen ein. Heinz Erich Klier spricht bei diesem Abschiedsessen der Saison von 1974 vom regen Zuspruch des Publikums und der Hoffnung, für 1975 ein zeitgenössisches Stück am Straßentheater zu haben. Für 1975 hat der Kulturfond der Stadt Salzburg einen Einakterwettbewerb ausgeschrieben. In einer Kurznotiz in den Salzburger Nachrichten vom 30. November 1974 steht dann allerdings, dass es im Endeffekt laut Oscar Fritz Schuh kein geeignetes Stück für das Straßentheater unter den Einsendungen gegeben habe.

1975 steht deshalb eine der ältesten Volkstheaterfiguren auf der Salzburger Pawlatschen: der Kasperl. Der bayrische Franz Pocci – von Schuh sehr geschätzt – hat mit seinem „Kasperl als Prinz"

Kasperl als Prinz, Foto Anrather, 1975

ein Stück geschrieben, das beim Straßentheaterpublikum und der Presse gleichermaßen gut ankommt. Schuh hat die Titelrolle mit einem gebürtigen Wiener besetzt: Hans Putz, dessen Spielfreude bei allen Begeisterung hervorruft. Hans Putz ist es übrigens auch, der von der Pawlatschen in Salzburg als einem „Nudelbrett" spricht – eine Aussage, die ihm Heinz Erich Klier bis heute ein bisschen übel nimmt. Abermals kommen rund 16.000 Besucher in 19 Vorstellungen. Kurt Sobotka schreibt den Text für die Couplets.

Von den Proben am Straßentheater wird im Salzburger Volksblatt am 24. Juli 1975 Folgendes berichtet:

❞ Der Applaus ist den Akteuren jetzt schon sicher. Das Probenpublikum im stattlichen Kindesalter von zwei bis zehn Jahren – mit den Daumen im Mund vor Spannung – ist traurig, wenn es heißt: „Morgen proben wir weiter." Dann sind sie aber sicher wieder dabei.❝

Kasperl als Prinz, Foto Anrather, 1975

Vom bayrischen Kollegen des Salzburger Hanswursts sind aber nicht nur die Kinder hingerissen, das gesamte Publikum sowie die Presse sind gleichermaßen begeistert.

99 Der Wagen des Salzburger Straßentheaters rollt wieder: unaufhaltsam in seiner Zielrichtung, dem vor dem Dom festgefahrenen „Jedermann" einen mobilen Anti-Jedermann in der Lustigen Person entgegenzustellen. Bloß sein Gwandl hat er mittlerweile einige Male gewechselt. Heuer schlüpfte er in die Tracht jenes Kasperls, den im vergangenen Jahrhundert der bayrische Romantiker Franz Pocci auf ähnliche Manier wiederzubeleben versuchte wie Hofmannsthal seinen geistigen Salzburger Widersacher66, schreibt zum Beispiel Fritz Walden in der Arbeiter-Zeitung vom 3. August 1975.

Das Medieninteresse am Salzburger Straßentheater ist nach wie vor nicht nur auf lokale Blätter beschränkt. Pressemeldungen finden sich unter anderem auch im Kurier, der Kronenzeitung, der Wiener Zeitung, Münchner Merkur oder der TZ München. Helmut

Bundespräsident Rudolf Kirchschläger bei der Premiere, Foto Anrather, 1975

Neuper beschreibt in den Salzburger Nachrichten die Stimmung wie folgt:

99 „Schau, da geht der Kasperl!" – Staatsschauspieler Hans Putz, gebürtiger Wiener, seit Jahren im Hamburger Dauer-Engagement, hat sich seit zehn Tagen an diese Anrede gewöhnt. Denn Hans Putz ist der Kasperl in der Komödie „Kasperl als Prinz", die Oscar Fritz Schuh für sein Straßentheater in diesem Jahr ausgesucht hat. [...] Dann also bis zum nächsten Straßentheater 1976? – „Ich hoffe, denn das ist das schönste Spielen überhaupt, das ist Theater im Urzustand!" 66

Aber es gibt auch böse Kritiken – wie die folgende abermals von Paul Blaha, nicht jeder mag den Spaß auf der Pawlatschen.

99 Veranstalter: Salzburger Kulturverein, gefördert – laut Theaterzettel – von Bund, Land, Stadt, den Salzburger Festspielen, der Kammer für Arbeiter und Angestellte, der Salzburger Wirtschaft

und der Stieglbrauerei. – Reichlich viele Spender für so wenig. […] Mit dem, was Straßentheater anderswo ist, sein kann, lässt sich die Salzburger Radl-Pawlatschen nicht vergleichen. Mit dem ursprüngliche Volkstheater auch nicht. Oscar Fritz Schuhs Salzburger Straßentheater steht daher unvergleichlich da: halb Künstlichkeit, halb Quasi-Schmiere. Halb Reproduktion, halb fixe Idee. Kindern zum Vergnügen, Touristen, Fremden zu amüsiertem Befremden, subventionierte Naivität. Exotentheater.❞

Der Bundespräsident ist wieder bei der Premiere anwesend, ebenso wie auch der Landeshauptmann. Im Salzburger Tagblatt und Volksblatt gibt es Berichte über das Premierenglück beim Straßentheater zu lesen, da wieder einmal knapp aber eben rechtzeitig vor Vorstellungsbeginn der Regen aufgehört hatte. Oscar Fritz Schuh hat einmal gesagt: „Ich will ja nichts verschreien, aber wenn der Herr Bundespräsident anwesend war, hatten wir noch immer schönes Wetter." Auch in diesem Jahr wird diese „Faustregel" bestätigt. Seinem Ruf als „Festspiel für jedermann" wird das Straßentheater wieder einmal gerecht, als Viktor Czepl – damals stellvertretender Kammeramtsdirektor der Salzburger Arbeiterkammer – im Kurier vom 27. Juli 1975 schreibt, dass es bei der zweifellos wirtschaftspolitisch wichtigen Bedeutung der Salzburger Festspiele dennoch unverständlich ist, dass sie für die Salzburger selbst nicht zugänglicher gemacht werden – zum Beispiel durch die öffentlich Zugänglich-Machung der Generalproben. Deshalb habe sich die Arbeiterkammer entschlossen, das Straßentheater finanziell zu unterstützen. Im Schlussbericht der Magistratsabteilung II vom 11. August 1975 heißt es:

❞ Professor Schuh wies mit launigen Worten auf das offenbar besonders gute Verhältnis des Straßentheaters zum Wettergott hin, denn keine einzige Vorstellung musste auf einen Ausweichtermin verlegt werden. Schmunzeln löste seine Bemerkung aus, dass er es viel schwerer habe als die Festspiele, denn er müsse jedes Jahr mit einem neuen Stück herauskommen, während die Festspiele nun schon mehr als fünfzig Jahre den „Jedermann" spielen können.❞

Peter Uray und Dietmar Schönherr als Vizeteufel und Teufel, Foto Anrather, 1976

Nach Nestroy, Valentin, Ingrisch und Pocci wagt sich 1976 Oscar Fritz Schuh an Ödön von Horvath. Mit zehn Schauspielern hat er auch eine außergewöhnlich große Besetzung. 17.000 Besucher sehen in 18 Vorstellungen „Himmelwärts". Schuh schreibt dazu im Programmheft:

,, Für das politisch-progressive Theater einzutreten, gilt heute noch als mutig, obwohl es im Gegensatz zu früheren Jahre völlig ungefährlich ist, von der Bühne herab politische Propaganda zu betreiben. Das Theater der geistigen Werte hat es da viel schwerer. Es wird von vielen als konservativ bezeichnet, wobei die Bewahrung oder Wiederentdeckung von alten Werten immer zu den wesentlichsten Aufgaben des Theaters gehörte. Nicht, dass man die alten Stücke spielt, sondern wie man sie spielt, welchen Stil man für eine vergleichsweise neue Theaterform findet, ist das Ausschlaggebende."

Peter Uray, neben Dietmar Schönherr damals als Vizeteufel engagiert, erinnert sich an die Arbeit:

Himmelwärts, Foto Anrather, 1976

💬 Ich hab mit Oscar Fritz Schuh vorher noch nichts zu tun gehabt, aber ich wusste natürlich, wer er war. Er war ein großer Theatermann, hatte schon ein hohes Alter. Ich hab auch damals viel gelernt, weil auf der Straße zu spielen nicht so einfach war. Aber er hat das auch sehr locker genommen, zwar auf Präzision geachtet, aber der Umgang war sehr locker.

Es waren an die zehn Tage Probenzeit, eine Probe am Tag. Schuh hat sehr kurz geprobt. Den Text hat man gekonnt, dann ist er gekommen und hat es arrangiert. Er hat – wir haben draußen geprobt – bei strahlend blauem Himmel gesagt: „Ich glaub, jetzt kommt ein Gewitter" – aber weit und breit war keine Wolke zu sehen, da haben wir gewusst, er will zu proben aufhören. Um zehn Uhr haben wir angefangen und da war es dann vielleicht halb eins. Er hat nie länger geprobt, außer bei der Hauptprobe.

Gefallen hat es mir sehr, auch dank der Persönlichkeit des Oscar Fritz Schuh – das war eine Wechselwirkung. Ich mochte ihn als Regisseur und er mochte mich als Schauspieler. Er war eine starke Persönlichkeit. Ernst – auch im Sinn von Machtdemonstrationen

Hugo Lindinger als Petrus, Foto Anrather, 1976

und Willkür – das gab es nicht. Natürlich war er sehr bestimmend, aber das hat man einfach angenommen. Angeblich war er früher sehr cholerisch. Das war damals nur noch in Rudimenten erhalten und dann war ja auch noch die Ursula da. Sie hat notfalls zu vermitteln versucht oder ihn abgezogen. In „Himmelwärts" von Horvath kommt der Intendant in die Hölle. Wir haben unter anderem in einem Altersheim gespielt und die alten Leute haben sich so gefürchtet! Sie haben richtig Angst bekommen, da haben wir gesagt: Mit so einem Stück können wir nicht in einem Altersheim auftreten. Den Petrus haben sie noch akzeptiert, aber den Dietmar Schönherr als Teufel und mich als Vizeteufel haben sie gefürchtet – wie Kinder, die vor dem Krampus Angst haben. 💬

Andrea Seebohm hat von ihrem Besuch im Pensionistenheim Nonntal einen anderen Eindruck und schreibt darüber im Kurier:

💬 „Wie war das Sterben?" erkundigt sich Petrus besorgt und väterlich bei einem Neuankömmling im Jenseits – eine Frage, die in

Bundespräsident Rudolf Kirchschläger gratuliert Ursula Schuh, Foto Anrather, 1976

einem Altersheim vielleicht nicht ganz am Platz sein dürfte. Doch die Alten kicherten amüsiert über Horvaths Scherze mit dem Tod. [...] Auch sonst erwies sich die Stückwahl als besonders glücklich. Horvaths simple Dialoge, seine Witze – „Helfgott" sagt der Teufel zum niesenden Vizeteufel und schüttelt sich dann ob der fatalen Wortwahl – kommen an, finden den Weg ins Gemüt der einfachen Leute, der Kinder und Großpapas.❞

Engagiert ist in diesem Jahr auch Franzi Tilden. Sie hatte sich zu diesem Zeitpunkt schon aus dem Theaterleben zurückgezogen. Die Rolle am Straßentheater hat sie aber ausnahmsweise akzeptiert – der Reiz, hier zu spielen, scheint sehr groß zu sein.

❞ Die Abschiedsfeier war immer in der Stadt mit dem Landeshauptmann und dem Bürgermeister – Haslauer hat dann mit uns gespeist. Es war auf der einen Seite sehr einfach, aber das Straßentheater wurde dennoch auf der anderen Seite von den Politikern honoriert❞, erinnert sich Peter Uray mit Stolz.

Hugo Lindinger als **Häuptling Abendwind** der Sanfte, Foto Linninger, 1977

Apropos Politiker – der Bundespräsident ist wieder bei der Premiere dabei. Der gängigste Witz dieser Saison liegt auf der Hand: Nachdem am Straßentheater in diesem Jahr Petrus engagiert worden ist, darf mit dem Wetter nichts schiefgehen. Doch alle Vorsichtsmaßnahmen nützen nur teilweise. Eine wetterbedingte Absage sorgt sogar für Negativschlagzeilen in der Presse. Heinz Erich Klier reagiert auf die Vorwürfe von Peter Grasmann in der Salzburger Volkszeitung vom 29. Juli mit einem Brief an die Redaktion. Grasmann hatte behauptet, es habe sich bei der Absage der Vorstellung am Alten Markt um eine spartechnische Maßnahme gehandelt, da ab zwölf erfolgten Vorstellungen den Schauspielern jede weitere Vorstellung extra bezahlt werden müsse.

99 Die montägige Entscheidung, die Vorstellung am Alten Markt abzusagen, ist keineswegs aus Gründen der Sparsamkeit, sondern einzig und allein aus der Sorge, wie es am Dienstag weitergehen soll, wenn sich nur einer der Schauspieler bei dem elenden Wetter verkühlt, erfolgt. Weiters muß jeweils auch bedacht werden, dass

Häuptling Abendwind, Lehener Park, Foto Linninger, 1977

wir nur über eine Garnitur Kostüme verfügen. Wir können es daher nicht riskieren, diese so der Witterung auszusetzen, dass sie nicht bis zum nächsten Tag wieder trocken werden. [...] Wie sehr wir bemüht sind, trotz der gegenwärtigen Schlechtwetterperiode möglichst alle Vorstellungen über die Runden zu bringen, dürfte Ihnen auch unsere gestrige Aussendung gezeigt haben, aus der hervorgeht, dass wir ab sofort bei Regenwetter im Petersbrunnhof spielen.❞

Die Schlechtwettervariante im Petersbrunnhof wurde allerdings nie in die Praxis umgesetzt.

1977 kehrt Schuh mit „Häuptling Abendwind" zum Straßentheaterklassiker Johann Nestroy zurück. Das Publikum nimmt die Stückwahl dankbar an. 16.000 kommen in die 17 Vorstellungen.

Von den städtischen Bühnen Mainz werden die Kostüme für „Häuptling Abendwind" entliehen. Das Straßentheater erhält eine Einladung, im Rahmen der Veranstaltung „Alstervergnügen" in

Hugo Lindinger, Dolores Schmiedinger und Peter Uray, Foto Linninger, 1977

Hamburg zu gastieren. Der Leiter dieser Aktion, Eberhard Möbius, hatte mit Schuh über dessen Thespiskarren gesprochen und wohl nicht zuletzt aufgrund des Bekanntheitsgrades des Regisseurs in Hamburg diese Einladung ausgesprochen. Sowohl die zu spät ausgesprochene Einladung – sie kommt erst am 9. Mai – als auch der Wunschtermin am 16. und 17. Juli – also mitten in der Probenzeit – machen dieses Gastspiel aber unmöglich. Am 23. Juli findet im Pressezentrum der Salzburger Festspiele eine Presseeinführung statt, bei der Schuh abermals über die Grundideen und die Wichtigkeit des Straßentheaters spricht. Die Premiere selbst findet bei der Presse wieder positive Beachtung.

99 Der Lehener Park lässt sich in ein Amphitheater verwandeln. Die Zuschauer stehen dicht an dicht auf dem ansteigenden Hügel. Dabei fällt gar nicht auf, dass das Straßentheater, wie es immer heißt, die Festspiele des kleinen Mannes sind, denn ein jeder hat ausgezeichnete Sichtverhältnisse und schaut über seinen Vordermann hinweg hinunter auf die Wagenbühne. Der ganze Aufzug der

Reise nach Tarockanien, Foto Anrather, 1978

Komödianten – ein paar Minuten nach ihnen kommt der Bundespräsident – hat sich im Laufe der Jahre sein feststehendes Ritual gefunden.❞ (Werner Thuswaldner in seinem Artikel „Diplomatische versierte Menschenfresser – Salzburger Straßentheater mit ‚Häuptling Abendwind' unterwegs – erste Station: Lehener Park" in den Salzburger Nachrichten, 25. Juli 1977)

Der Münchner Merkur schreibt am 25. Juli 1977 von der Premiere:

❝ Einzige unvorhersehbare Folge der bis 5. August noch siebzehnmal geplanten Gaudi von der fahrenden Bühne: Bundespräsident Kirchschläger wurde bei seiner An- und Abfahrt auch nach Häuptlingsart begrüßt mit einem lang gezogenen Uuii…❞

Mit Szenen von Fritz von Herzmanovsky-Orlando, bearbeitet von Friedrich Torberg und unter dem Titel „Reise nach Tarockanien" zusammengefasst, kam das Straßentheater 1978 wieder auch bei der Presse sehr gut an. Heinz Erich Klier war nach einem Besuch eines Herzmanovsky-Orlando-Abends von Friedrich Torberg (dessen Nachlassverwalter) im ORF Landesstudio Salzburg auf die Idee gekommen, einzelne Szenen dieses Autors straßentheatergerecht zu machen. Nachdem auch Professor Schuh an dieser Idee sofort Gefallen fand, bat Heinz Erich Klier Friedrich Torberg, sich dieses Plans anzunehmen und einzelne Szenen mit einer ungefähren Gesamtlänge von fünfzig Minuten zusammenzustellen. Verbindende Worte sollten auf Wunsch von Schuh Peter Uray als Conférencier in den Mund gelegt werden. Dieser erinnert sich:

99 In der „Reise nach Tarockanien" habe ich eine Art Moderator gespielt. Das war eine Kollage von Szenen, zu denen Friedrich Torberg Texte geschrieben hat. Das war nur vom Torberg, natürlich hat Schuh das mit ihm besprochen wegen der Länge et cetera. In diesem Fall war es anders, aber was Schuh sonst immer gemacht hat, war: Er hat keine großen Stücke genommen, er hat Einakter genommen, die nicht lang dauern oder kurze Stücke, die dann mit ein paar Einstreichungen nie länger als eine Stunde gedauert haben. Wir haben nie länger gespielt, eher darunter. Bei sechzig Minuten Länge hat Schuh schon gejammert, einmal hat ein Stück sogar nur 40 Minuten gedauert, da hat aber dann Heinz Erich Klier gejammert. Schuh hat daraufhin einfach geantwortet: „Dann soll halt der Ziehharmonikaspieler noch ein Stück spielen."66

Ein Journalist des Salzburger Tagblattes erkundet die Situation zu Probenbeginn.

99 Zur ersten Probe, für 10 Uhr angesetzt, kamen am Mittwoch Regisseur Professor Oscar Fritz Schuh und Gattin Ursula, die die Ausstattung besorgt, 30 Minuten zu spät. Sie hatten sich mit dem Auto total verfahren und die Unterrichtsanstalt in Taxham erst nach erheblichen Schwierigkeiten gefunden. Um 11.15 Uhr traf der Spielwagen ein – nicht, wie üblicherweise von zwei Rössern gezogen. Die rollende Bühne schaffte diesmal ein Mercedes der Stieglbrauerei herbei. „Können die Pferde das Stück schon?" wunderte sich Professor Schuh.66

Zur Premiere läuft dann alles so wie jedes Jahr. So manche Zeitungskritik – wie diese vom Salzburger Tagblatt am 27. Juli 1978 – klingt sehr verklärt und idealisierend.

❞ Am Rande des Lehener Parks standen am Dienstagnachmittag die Limousinen des Bundespräsidenten und weiterer hoher Prominenz, wenige Meter entfernt „weideten" die Rösser der Stieglbrauerei. Sie nahmen kaum Notiz davon, dass an ihnen das österreichische Staatsoberhaupt mit Gefolge vorbeiging. Und selbst der aufbrandende herzliche Beifall der wohl mehr als 2000 Besucher des Salzburger Straßentheaters konnte sie in ihrer Beschaulichkeit nicht stören. Sie hatten ihre Pflicht getan und den liebvertrauten Thespiskarren der Salzburger Kulturvereinigung brav an seinen Stellplatz gezogen. [...] Am Ende unter dem Jubel der Zuschauer das übliche Zeremoniell: Blumen für den Bundespräsidenten und seine Begleitung, Händeschütteln und volkstümliches Beieinander – das Straßentheater machte es möglich. ❝

Ilse Hanel, die in diesem Sommer ebenfalls mit dabei ist, schwärmt im Salzburger Volksblatt vom 16. August 1978:

❞ Kein Haus der Welt vermittelt einem Schauspieler so einen Kontakt wie dieser herumzigeunernde Theaterwagen. ❝

Armin Eichholz schreibt im Münchner Merkur vom 27. Juli 1978:

❞ Wer da nicht selber aus Tarockanien stammt und sich Papperlapander von Schwetzheiss oder so ähnlich schreibt, kriegt in der fragmentarischen Eile nicht den ganzen FHO-Witz mit. Doch wird schon über die kleine Straßentheaterkostprobe so viel gelacht, dass es im süddeutschen Raum widerhallt und mancher Intendant überlegen sollte, ob sein Spielplan nicht aufblüht mit solchen Geschichten und dem ganz anderen Wiener Wald. Der passende Schuh für die Festspiele '78. Bei Schönwetter 21mal, bei schlechtem: nachlesen! ❝

O.F. Schuh mit Ehrengästen bei der Premiere, Foto Anrather, 1978

Nachlesen wird in diesem Sommer nicht nötig. Alle 21 Aufführungen können wie geplant stattfinden, bei denen man außer in der Stadt und je einer in Grödig, Großgmain, Elsbethen, Hallein auch erstmals in Zell am See und Maishofen spielt. Insgesamt können 18.000 Besucher gezählt werden. Es gelingt auch, die Gesamtkosten in einem tragbaren Rahmen zu halten, sodass ausgeglichen bilanziert werden kann.

Friedrich Torberg, der in diesem Jahr auch seinen 70. Geburtstag feiert, schreibt im September an Oscar Fritz Schuh:

99 Man kann mit zunehmendem Alter entweder weise werden oder verblöden. Die häufigste Form der Altersblödheit besteht darin, dass man sich für weise hält. Was mich betrifft, so hoffe ich, diesem Defekt zu entgehen. Jedenfalls liegt mir nichts ferner, als Weisheit oder Gelassenheit oder sonst etwas Würdevolles produzieren zu wollen. Ich habe mich über die vielen Glückwünsche zu meinem 70. Geburtstag unbändig gefreut, bin jedem einzelnen Gratulanten von Herzen dankbar und bitte um Verständnis dafür,

dass ich das nur auf diesem Weg zum Ausdruck bringen kann. In alter Verbundenheit, die sich durch Ihre hervorragende Herzmanovsky-Schmückung wieder einmal bestätigt hat, grüßt Sie Ihr Torberg.❞

1979 tourt wieder der Thespiskarren durch Stadt und Land Salzburg – diesmal mit Ludwig Thomas „Die kleinen Verwandten". Außerdem feiert Oscar Fritz Schuh in diesem Jahr seinen 75. Geburtstag.

❞ „Man darf nie langweilig werden" und „man muß immer neue Projekte ankurbeln", heißen die allgemein gefassten Erfolgsrezepte des „Theaterprofessors", wie Schuh liebevoll genannt wird. Er hat so viel über Schauspiel und Oper, Ensemble, Repertoire und Intendanten diskutiert und geschrieben, dass er auf jede Frage eine fertig formulierte Antwort bereit hat. Er spricht, als seien seine Sätze für die Nachwelt bestimmt, scharf formulierend, mit bühnenreifer Sprechtechnik und Freude an Passagen, die seine Gegner ärgern❞, steht im Salzburger Volksblatt am 15. Jänner 1979.

Franz Endler führt anlässlich des 75. Geburtstages von Oscar Fritz Schuh ein ausführliches Gespräch mit dem Jubilar, dessen Niederschrift zu einer Verbeugung vor dem großen Theatermann wird.

❞ Schuh meint, er sei in voller Absicht nicht mehr „auf dem Markt". Erstes, weil man ihm nirgendwo mehr die Arbeitsbedingungen bietet, die er gerne hätte – er will Besetzungen auswählen und Stücke, die er nicht oder noch nicht mit einem von ihm geschätzten Bühnenbildner gemacht hat. Und zweitens, weil er von den meisten Direktionen, die ihn jetzt engagieren könnten, nicht allzu begeistert ist – die Direktionen sind, Schuh wörtlich, alle zweite Besetzung […].
Schuh nahm in jede seiner Bühnen, die er später in Deutschland betrieb, zuerst einmal österreichische Schauspieler auf und meint dazu, das sei wiederum nichts als Opportunismus gewesen. Ers-

Die kleinen Verwandten, Foto Anrather, 1979

tens seien sie nicht teuer gewesen und zweitens wäre es für jeden Kenner der Szene vorhersehbar gewesen, dass sie Erfolg haben würden. Einen Leopold Rudolf in Berlin zum Publikumsliebling zu machen, das sei nicht schwer gewesen, meint Schuh rückblickend und weiß nur nicht, warum vor ihm niemand draufgekommen ist [...].

Schuh spricht nie von zu viel Probenzeit, auf die er bestünde. Im Gegenteil, er erinnert sich gerne daran, dass er als Tyrann bezeichnet wurde, und meint, das sei man automatisch, wenn man als Regisseur sich gegen Diskussionen und für die Arbeit entscheidet. Seine Inszenierungen entstanden zumeist in drei Wochen und „hielten" dann jahrelang. Das heißt, sie waren mit den Sängern so einstudiert, dass diese auch noch nach Jahren wussten, wo sie der Regisseur in einem bestimmten Augenblick stehen haben wollte [...].

O.F. Schuh macht, auch auf einen aufmerksamen Beobachter, einen ganz und gar zufriedenen Eindruck. Er hat von Kindheit auf gelernt, dass man nicht alles haben kann, und er hat offenbar schon in der Kindheit versucht, für sich selbst zu entscheiden: Er wurde

Die kleinen Verwandten, Foto Anrather, 1979

mit zwei Jahren wegen einer Hüftluxation operiert und war „ganz in Ordnung", bis er in der Mittelschule – er wurde vom Turnen nicht befreit – noch einmal in den Operationssaal sollte. Das hätte ihn ein Schuljahr gekostet und er selbst, sagt er, wollte das nicht. Also verzichtete er freiwillig darauf, Schauspieler zu werden, und wurde, was er sich auch schon vorher vorgenommen hatte: Regisseur ...

Auch, wenn man tagelang mit ihm spricht, erfährt man eher, dass er gern regelmäßig isst, dass er ziemlich permanent raucht, jedoch dem Alkohol abhold ist – man erfährt aber kaum eine Art „Rezept" für das Theater. Und ganz gewiß nicht, was er an seinen Nachfolgern im Detail gut oder schlecht findet. Nicht nur, weil Schuh diplomatisch ist. Sondern auch, weil er weiß, dass sich die Bedingungen geändert haben, dass seine Arbeitsweise und sein „Stil" derzeit als altmodisch gelten und er missverstanden würde, gäbe er jetzt Ratschläge. [...] Einer, der auszog, einen etwas vergessenen, vielleicht nicht sehr zufriedenen Menschen, einen „Künstler von einst" zu besuchen, erlebte eine wunderbare Enttäuschung. Er fand einen arbeitsamen, weise, lebendig gebliebenen Mann, der genau dort ist, wo man immer sein sollte: in der Gegenwart.❦❦

Eines seiner Erfolgsprojekte, das Salzburger Straßentheater, erfreute sich – wie ein gelungenes Geburtstagsgeschenk – in diesem Jahr besonderer Beliebtheit. Unglaubliche 18.500 Zuschauer sehen in 23 Aufführungen Ludwig Thomas Posse „Die kleinen Verwandten". Die Kostüme kommen erstmals aus dem Fundus des Salzburger Landestheaters.

❥❥ Erst im Freien, wo kein ästhetisches Lüftlein weht, kommt raus, wie tückisch genau der Thoma seine Leut hergenommen hat und wie hochgeeignet sie noch heute sind zum fröhlichen Anprangern muffiger Verhältnisse nicht nur um 1900. ❦❦ **Armin Eichholz spricht so im Münchner Merkur vom 27. Juli 1979 von der „Anti-Großkopferten-Vor-Premiere".**

❥❥ „Die kleinen Verwandten" ist der Titel eines kunstvoll-naiven Einakters, den Regisseur Oscar Fritz Schuh beim bayrischen Nachbarn Ludwig Thoma gefunden hat. Ein humoristisches Bild bayrischen Alltags, ohne komplizierte Schnörkel, flott über die Bretterbühne gespielt, trifft den Geschmack des Publikums und erfüllt den Sinn eines Straßentheaters. Schuh meint, dass das Stück deshalb gut in unsere Zeit passt, weil Klassenunterschiede wieder im Gespräch sind. Und diese sind das Grundthema des Stücks. Ein Ehepaar aus dem gehobenen Beamtenstand will einen wohlhabenden Kaufmannssohn für das Töchterchen angeln. Diese Aktion gefährdet einen unerwarteten Besuch vom Land. Eine resolute Tante mit ihrem etwas tölpelhaften, aber ehrlichen Gemahl. In diesen beiden Rollen gelingt Maria Singer und Fritz Holzer der publikumswirksamste Erfolg. Teils polternd, teils mit listigem Humor bringen die beiden kräftigen Schwung in die geplante Verlobungsszene. Peter Uray als Schwiegersohn in spe charakterisiert treffend seine Verwirrung zwischen den beiden konträren Familiengruppierungen. ❦❦
(Salzburger Volkszeitung, 27. Juli 1979)

So sehr das Stück – denkt man an die Zuschauerzahlen – beim Publikum anzukommen scheint, einige Mitglieder der Presse meinen es in diesem Jahr nicht sehr gut mit dem Unternehmen.

Vereinzelte Stimmen nach grundlegenden Neuerungen werden laut. Man scheint des Thespiskarrens teilweise müde geworden zu sein. So schreibt Christoph Aigner in „Um jeden Preis Distanz zum Publikum wahren" im Salzburger Tagblatt am 27. Juli 1979:

❞ Für die lebendige Idee vom Straßentheater läuft diese Salzburger Spielart ziemlich steril ab. Wagen vorfahren, Rampe herunterklappen, spielen, zusammenpacken und fahren. Es passiert nichts, es rührt sich nichts und es ist schade, denn wo gäbe es denn noch diese Voraussetzungen für lebendiges Theater? Die Distanz zu den Leuten scheint um jeden Preis gewahrt werden zu wollen. Keinem Schauspieler ist es erlaubt, die kleine Rampe zu verlassen, etwa ins Publikum zu gehen, mehrere Spielebenen, wie sie sich im Park auf Schönste anbieten, sich zu erschließen. Oscar Fritz Schuh macht mit aller Gewalt Guckkastentheater, wo dies den natürlichen Umständen hohnspricht. ❞

Einerseits ist dieser Einwand durchaus verständlich. Vom Pawlatschentheater erwartet man natürlich vermehrten Kontakt zwischen Schauspieler und Publikum. Das liegt einerseits in der Theatertradition begründet, andererseits einfach in der Tatsache, dass die räumliche Distanz praktisch nicht vorhanden ist. Auf der anderen Seite hat Schuh wie auch später Gmeiner genaue Vorstellungen, wie das Salzburger Straßentheater in Qualität und Form ablaufen soll. Um nicht in die Schmiere abzurutschen, muss man daher auf klare Linien und möglichst auf Notsituationen beschränkte Improvisation achten. Und das Publikum schätzt diese Theaterform. Werner Thuswaldner beschreibt es – mit kleiner Kritik versehen – in den Salzburger Nachrichten so:

❞ Das Faszinierendste an dem Unternehmen scheint wohl das Publikum zu sein. Man staunt jedes Jahr aufs Neue, wenn man der erwartungsvollen Menge ansichtig wird, die im Lehener Park auf die Premiere des Straßentheaters wartet. Hier ließe sich Volkstheater im wahren Sinne des Wortes verwirklichen. Denn Dünkel und Prestige zählen hier gar nichts, es geht für jeden, der gekommen ist, vor allem darum, ein Spektakel zu erleben. Die Bereitschaft, alles mit Dankbarkeit zu quittieren, was von der kleinen Bühne in das ausladende Halbrund des amphitheaterartig ansteigenden Parks dringt, ist überaus groß. [...] Auf dem Programm des Straßentheaters stehen im nächsten Jahr Nestroys „Frühere Verhältnisse". Gab es die nicht schon einmal? Ja, 1970, als das Straßentheater begonnen hatte. Damals ist diese ganz spezifische Form gewählt worden. Sie hat sich – bei allen Vorzügen und bei aller positiven Resonanz – als einengend erwiesen. Passiert eine Wiederholung im nächsten Jahr nur aus Jubiläumsgründen oder spiegelt sie eine fatale Verlegenheit wider? Das zweite ist zu befürchten. Jene Stücke, die auf die biedermeierlich-anheimelnde Bühne passen, die aus lauter drastischer Situationskomik bestehen und nur zum geringsten Teil auf Dialogisches angewiesen sind, kann man an den Fingern einer Hand abzählen. Soll das Straßentheater nicht stagnieren, wird es nötig sein, neu darüber nachzudenken. Das große, begeisterungsfähige Publikum verdiente es.❞

Das Salzburger Straßentheater
2. Dekade (1980–1989)

Waltraut Haas in der „Maske" hinterm Wagen, Foto Anrather 1980

Sein Konzept zu ändern, kommt für Schuh allerdings nicht infrage, im Gegenteil. 1980 – also zum zehnjährigen Jubiläum – holt er sogar jenes Stück auf die Bühne zurück, mit dem der Erfolg begonnen hatte: Nestroys „Frühere Verhältnisse". Diesmal ist Waltraut Haas in der Rolle der Peppi Amsel zu sehen. Und der Erfolg beim Publikum gibt Schuh wieder einmal recht. Rund 16.000 Zuschauer kommen zu den 23 Vorstellungen. Von 1970 bis einschließlich 1979 konnten laut Heinz Erich Klier bei 194 Vorstellungen rund 170.000 Zuschauer für die Idee, das Theater zu den Menschen zu bringen, begeistert werden. Klier freut sich in seinem Text für das Programm von 1980 weiters darüber, dass:

99 Professor Oscar Fritz Schuh so mit der Sache verwachsen ist, dass er sich als Regisseur auch noch 1980 mit der Gage des Jahres 1970 zufrieden gibt. Seine Frau, die uns stets aufs Neue mit einer hübschen Ausstattung überrascht, hält es nicht anders, und

so sehen sich erfreulicherweise auch die Schauspieler und Musiker veranlasst, uns immer wieder im Honorar entgegenzukommen.❞

Peter Uray, zu dem Zeitpunkt schon zum fünften Mal in Folge dabei, erinnert sich:

❞ Die Publikumsreaktionen waren stark. Sie schauen einem auch manchmal beim Umziehen zu – wenn man sich nur hinter einen Paravent stellen kann – aber das macht auch den besonderen Reiz am Straßentheater aus – dass man dem Publikum so nah ist. Die berühmte vierte Wand fällt ja hier eigentlich weg. Du musst ja auch irgendwie reagieren, wenn es unten unruhig wird. Extempores waren durchaus drinnen – dass man unterbricht und mit dem spricht, der einen da irritiert. Es gehörte nicht zum Konzept Schuhs, aber es war auch nicht so tierisch ernst, dass es nicht möglich gewesen wäre – einfach durch das Naheverhältnis zwischen Schauspieler und Publikum.❞

Dieses Naheverhältnis, das scheinbar auch für einige Journalisten gilt, zeigt sich auch in Doris Essers Premierenbericht in den Salzburger Nachrichten, aus dem teilweise großes Mitgefühl spricht:

❞ Eiskalter Wind pfeift über den Thespiskarren des Salzburger Straßentheaters. „Wir hätten uns das ‚Wintermärchen' von Shakespeare aussuchen sollen", sinniert Professor Schuh. […] Bei der Eiseskälte könnte einem das Spaßmachen schnell vergehen, geschweige denn das muntere Singen – aber es muß geprobt werden, als würden wärmende Sonnenstrahlen wohlgefällig in der Luft liegen. Vor Kälte zitternd, singt Waltraut Haas als Peppi Amsel […] das Couplet zu Ende. […]

Regisseur Oscar Fritz Schuh kennt keine Gnade, und die Schauspieler haben sich fürwahr schon vor der Premiere Lorbeerkränze verdient, dass sie trotz Sturms und Regens auf den Brettern ausgeharrt haben. […]

Spätestens, wenn die beiden Stieglbräu-Pferde „Jason" und „Jansen" den Thespiskarren vom Proben-Schauplatz vor der Taxhamer

Frühere Verhältnisse, Foto Anrather 1980

Schule nach Lehen ziehen, ist es höchste Zeit für den Premierenfieber-Bazillus. Das „Festzugsgeschirr" für die Noriker-Hengste hat ihr Stallmeister Peter Laux schon auf Hochglanz poliert. Auch ein Bundespräsident, der alljährlich das Straßentheater besucht, hindert die braven Vierbeiner nicht, ein Couplet „zum Wiehern" zu finden – die Lacher und den Applaus haben die Brauereipferde in solchen Zwischenfällen stets auf ihrer Seite.❞

Aber nicht nur die Pferde verstehen es, das Publikum zu unterhalten.

❝Ich kann mich erinnern: Bei den „Früheren Verhältnissen" mit Waltraut Haas, da wurde im Publikum so gelacht, dass wir auch so lachen mussten, dass der ganze Wagen gewackelt hat. Und ich weiß noch, dass das Bayerische Fernsehen da war und der Kameramann konnte nicht mehr drehen, weil die Kamera vor Lachen gewackelt hat❞, **erinnert sich Peter Uray.**

Waltraut Haas und Peter Uray, Foto Anrather 1980

Land und Stadt Salzburg laden am 7. August zu einem Empfang anlässlich des zehnjährigen Bestehens des Straßentheaters in den Marmorsaal des Schlosses Mirabell ein. Neben den Mitwirkenden des Straßentheaters finden sich das Präsidium der Salzburger Kulturvereinigung und Bürgermeister aus insgesamt zehn Gemeinden des Landes Salzburg, in denen das Straßentheater in diesem Jahr gastiert hat, zusammen. Neu als Spielort dazugekommen sind diesmal übrigens Schwarzach, St. Johann und St. Gilgen.

Landeshauptmann Wilfried Haslauer nimmt folgende Ehrungen vor: Professor Schuh erhält das Silberne Ehrenzeichen des Landes Salzburg, Heinz Erich Klier das Große Ehrenzeichen für Verdienste um die Republik Österreich, Ursula Schuh und Elfriede Ott das Goldene Verdienstzeichen des Landes Salzburg und Sieglinde Bankhammer und Burghard Palfinger das Silberne Verdienstzeichen des Landes Salzburg.

Im Jubiläumsjahr des Straßentheaters ist das Medieninteresse wieder verstärkt, beziehungsweise geht über die regionalen Blätter in Salzburg hinaus. In Hamburg gibt es zusätzlich unter dem

Landeshauptmann W. Haslauer ehrt H.E. Klier und O.F. Schuh, Foto Tautscher, 1980

Motto „Stationen eines Theaterlebens" eine Ausstellung über Oscar Fritz Schuh, die mediales Interesse weckt. In einem Artikel der Morgenpost vom 2. Mai 1980 meint er selbst beim Anblick seiner Vergangenheit:

99 Heute mache ich nur mehr das, was mir wirklich Spaß macht, zum Beispiel das Straßentheater in Salzburg.66

Abgesehen von diversen Artikeln in deutschen Zeitungen zu Oscar Fritz Schuh und der viel beachteten Ausstellung in Hamburg, steht zum Beispiel im Feuilleton von „Die Rheinpfalz" am 12. August 1980 ein Artikel über „Das volkstümlich Parodistische und Drastische – Salzburgs Nebenbühnen: Straßentheater und „Fest in Hellbrunn" – ein Alternativprogramm zu den Festspielen".

Im Jahr 1981 kommen 12.000 Besucher in 24 Vorstellungen. Gespielt wird Federico Garcia Lorca: „Die wundersame Schustersfrau". Besonders Brigitte Quadlbauer in der Titelrolle findet großen Anklang.

Brigitte Quadlbauer als Schustersfrau, Foto Schaffler, 1981

Von Salzburg bis nach Würzburg nimmt die Presse das Straßentheater auf der Suche nach kostengünstigen Alternativen zu den Festspielen wahr. Der neue Salzburger Bürgermeister Josef Reschen besucht wie sein Vorgänger Heinrich Salfenauer die diesjährige Premiere des Straßentheaters. Seit Jahren ist diese erstmals wieder verregnet, dennoch wird bis zu Ende gespielt. In diesem Jahr gastiert man in immerhin schon neun Salzburger Gemeinden, die Kreise werden immer weiter gezogen.

Am Ende der Saison muss der Wagen repariert werden. Denn er, wie auch einige Requisiten hatten Schaden genommen. Beim Rücktransport von St. Johann nach Salzburg war es zu einer Panne gekommen. So gesehen ist es gut, dass die Schlussvorstellung ohnehin wegen des schlechten Wetters in die Volksschule Gnigl verlegt werden muss, denn der Wagen ist nicht bespielbar.

1982 inszeniert Oscar Fritz Schuh „Die Kommode" in der Fassung von Curt Goetz frei nach Guy de Maupassant mit einem Publikumsliebling, den viele vor allem aus dem Fernsehen kennen: Gunther Philipp.

Die Kommode, Foto photoscope, 1982

99 Oscar Fritz Schuh hat – das hat sich im Vergleich bei Gmeiner geändert – aufgrund seiner Verbindungen immer einen Menschen ans Straßentheater geholt, der am Theater oder durch das Fernsehen oder die Medien einen gewissen Bekanntheitsgrad gehabt hat: den Schönherr, die Ott, Gerhard Lippert, Waltraut Haas ... Er hat auch solche Namen gebraucht, er hat – was man ja am Theater öfter macht – einen Namen genommen und andere rundherum geschart 66, erklärt Peter Uray dazu.

Und es klappt auch diesmal. Gunther Philipp erweist sich als Publikumsmagnet. 14.500 Zuschauer kommen zu den insgesamt 24 Vorstellungen.

Oscar Fritz Schuh erläutert seine Programmierung in einem Manuskriptentwurf für das Programmheft folgendermaßen:

99 Es lag immer im Sinne des Straßentheaters, fern von ideologischen Überlegungen Stücke zu wählen, die aus dem Urtrieb des Spielens geboren wurden. Wir haben daher neben Lustspielen von Pocci, Thoma, Horvath und Lorca vor allem Einakter von Nestroy

Die Kommode, Lehener Park, Foto photoscope, 1982

und Valentin aufgeführt und damit den Beweis erbracht, dass es neben der esoterischen Literatur erfreulicherweise auch Stücke gibt, die sowohl ein intellektuelles Publikum als auch die breite Masse ansprechen.❞

Erstmals gastiert das Straßentheater in Berchtesgaden. Im Laufe der Jahre wurde dieser Spielort dann zu einem der Lieblingsplätze vor allem der Schauspieler, denn das Publikum ist hier besonders aufmerksam.

1983 sehen unglaubliche 23.000 Zuschauer die Straßentheaterproduktion. Oscar Fritz Schuh inszeniert abermals Ludwig Thoma, und zwar dessen „Erster Klasse". In der Halbzeit erscheint am 3. August 1983 ein Artikel in den Oberösterreichischen Nachrichten – der zwar wohlwollend gemeint ist, aber vielleicht auch abwertend für die Hartarbeiter am Straßentheater ausfällt.

❞ 14.000 Zuschauer haben sich bis jetzt über Muxeneder und Co. zerwuzelt, die verulkten Norddeutschen lachten herzlich mit.

Erster Klasse, Foto photoscope, 1983

Am gaudigsten ging's bei einem Abstecher in Thomas Heimat zu. 2000 drängten sich in Bad Reichenhall um den kleinen Karren. In Berchtesgaden und Freilassing wird es demnächst nicht anders sein, und dann kommen noch vier Vorstellungen in München dazu – ein ganz schönes Pensum für eine nur von Kulturabfallgroschen und der Sammelbüchse lebende Theatergemeinschaft. Dafür haben aber die Darsteller den Vorteil, dass sie im noblen Salzburg von jedermann erkannt werden. Die großen Künstler sind ja dem breiten Volk nicht so gegenwärtig, dem Muxeneder klopft man ein „Servus, Muxi" auf die Schulter, und nach dem Harlander schaut man sich in der Getreidegasse um.❞

Einen außer-tourlichen Erfolg kann das Team um Oscar Fritz Schuh in Deutschland verbuchen. Das Salzburger Straßentheater gastiert bei der Internationalen Gartenbaumesse in München und erreicht allein dort einen Besucherrekord von 6000 Zuschauern. Auf der Seebühne wird im Rahmen des Kulturprogramms der IGA am 9. und 10. August jeweils um 15 und um 18 Uhr Ludwig Thoma „Erster Klasse" gespielt. Kutscher und Brauereipferde

Der Straßentheaterwagen bei seiner Ankunft im Lehener Park, Foto photoscope, 1983

werden – wie bei jedem weiter weg gelegenen Gastspiel von der Kulturvereinigung gefordert – vom Veranstalter, beziehungsweise in diesem Fall vom Kulturreferat München bereitgestellt.

Auch in Bischofshofen, Freilassing und Bad Reichenhall wird in dieser Saison mit großem Erfolg erstmals gespielt. Wie schon 1971 und 1972 mit Valentin, 1975 mit Pocci und schon 1979 mit Thoma, nehmen die Salzburger das diesjährige Stück aus dem benachbarten Bayern sehr gerne an.

99 Regisseur Oscar Fritz Schuh ist zuversichtlich: „Ich glaube schon, dass die Salzburger das Bayrische gut verstehen werden; schließlich beginnt Bayern schon einen Steinwurf von Salzburg entfernt. In Wien allerdings wäre das eine Fremdsprache – da müssten wir synchronisieren oder Wörterbücher ausgeben." Um allen Mißverständnissen den Wind aus den Segeln zu nehmen: Wenn ein Bayer zum anderen „Du Bazi, du luftgselchter" oder gar „Haderlump, odrahter" sagt, dann ist das herzlich gemeint66, übersetzt Doris Esser in den Salzburger Nachrichten am 20. Juli 1983 für das potenzielle Publikum.

Helmut Janatsch als **Der gebildete Hausknecht**, Foto Anrather, 1984

Nach der letzten – verregneten – Vorstellung im Hof des Schlosses Mirabell serviert der Vizebürgermeister Bacher den Schauspielern einen wärmenden Schnaps.

1984 spielt man in Salzburg wieder Nestroy, und zwar dessen „Gebildeten Hausknecht". Für Aufregung sorgt im Vorfeld die Absage von Herbert Fux, der die Titelrolle hätte spielen sollen. Der damalige Salzburger Gemeinderat distanziert sich mit der Begründung „Der Stress meiner fast zehnjährigen Doppelbeanspruchung – Politik, Beruf und Prozesse – macht sich jetzt eben bemerkbar" von seiner Zusage, beim Straßentheater mitzuwirken. Seine Rolle übernimmt der Burgschauspieler Helmut Janatsch. Und das Publikum dankt ihm und dem Ensemble. Rund 12.000 Zuschauer kommen in die 24 Vorstellungen. Werbung für den Thespiskarren macht eine Konsumentenzeitung.

99 Böse Zungen behaupten, das Salzburger Straßentheater würde als Einrichtung der Festspiele die Jedermann-Aufführungen auf dem Domplatz überdauern. [...] Eine Institution, die tatsächlich erst

vor rund zehn Jahren gegründet wurde, in diesem Zeitraum allerdings zu einem nicht mehr wegzudenkenden Bestandteil der Festspiele geworden ist. Eine Festspielinstitution, die darüber hinaus beachtliche Rekorde verbuchen kann. So hat das Straßentheater pro Quadratmeter Bühnenfläche wahrscheinlich mehr Besucher als das große Festspielhaus.❞

In den Oberösterreichischen Nachrichten vom 8. August 1984 berichtet Gerda Gattinger („Der tote Onkel spielt auch mit") von diversen Schnurren aus fünfzehn Jahren Straßentheater. So zum Beispiel von der Episode, als das langjährige „Mädchen für alles" Burghard Palfinger bei Lotte Ingrischs „Heiratsvermittlerin" in Ermangelung einer Urne von der Friedhofsverwaltung die Erlaubnis einholte, die Urne seines kürzlich verstorbenen Onkels – eines eingefleischten Straßentheaterfans – als Requisit einsetzen zu dürfen. Oder dass 1972 die „Raubritter" einmal sogar in der Hälfte der Zeit gespielt wurden, um dem drohenden Regenguss zu entgehen.

Am 20. August überreichte Bürgermeister Josef Reschen die Wappenmedaille der Stadt Salzburg in Gold an Oscar Fritz Schuh als Zeichen der Anerkennung für dessen Verdienste um die Festspiele, das Straßentheater und das Fest in Hellbrunn. 1984 wird das letzte Jahr unter Oscar Fritz Schuh. Der große Theatermann stirbt im Oktober.

Klar ist allerdings, dass sein ihm so wichtiges Straßentheater – längst vom Salzburger Theatersommer nicht mehr wegzudenken – weiter bestehen soll. Also begibt man sich auf die Suche nach einem geeigneten Nachfolger, der im Sinne Schuhs das Unternehmen führen soll.

Fündig wird man bei Klaus Gmeiner, einem namhaften Theater- und Hörspielregisseur und damals auch Hörspiel- und Literaturchef des ORF Landesstudios Salzburg.

❞ Es wird schon unterschätzt, wir arbeiten professionell und natürlich hat man am Theater zwei Wochen für einen Akt Probenzeit, in denen wir ein Stück erarbeiten. Aber es wird professionell gearbeitet. Und schon in der Vorarbeit – in meiner dramaturgischen Arbeit steckt schon viel drinnen. Es ist nicht so, wie es heutzutage durchaus vorkommt, dass ein Regisseur unvorbereitet zur Probe kommt und es sind sechs, acht Wochen Zeit, ein Stück zu entwickeln. Das ist hier nicht möglich! Ich weiß was ich will mehr oder weniger, ich weiß bei der Besetzung, wen ich habe und dann kann man gleich anfangen. Das muss ich schon sagen: Ich nehme das sehr ernst und würde es jedem professionellen Theater gleichstellen! Am Anfang war ich ja auch nicht sehr begeistert, wie sie es mir angeboten hatten. […] Dann habe ich aber gehört, wer sich aller beworben hat: Helmut Wiesner von der Gruppe 80, der als Regisseur einen Namen hat, und und und. Da hat mich der Ehrgeiz schon gepackt und ich hab mir gedacht: Na ja, die wollen und mich will man – da sag ich „ja"! Und so bin ich dazu gekommen❞, erinnert sich Klaus Gmeiner an seine Anfänge beim Straßentheater.

Am 16. November 1984 lädt die Kulturvereinigung zu einem Pressegespräch, um über die Zukunft des Straßentheaters zu informieren. Im Zuge dessen wird Schuhs Nachfolger den Medien vorgestellt. Die Reaktionen sind sehr positiv und die Journalisten setzen hohe Erwartungen an die neue künstlerische Leitung, wie etwa Werner Thuswaldner in den Salzburger Nachrichten:

❝ Heinz Klier von der Salzburger Kulturvereinigung, verantwortlich für die Organisation des Straßentheaters, ist nach dem Tode O.F. Schuhs um Kontinuität der Institution bemüht und stellt nun am Freitag den Nachfolger vor: Klaus Gmeiner, den man in Salzburg nicht erst bekannt machen muß, wird für 1985 die Leitung übernehmen, und vieles spricht dafür, dass daraus eine längerfristige Phase in der Geschichte des Straßentheaters werden könnte. Klaus Gmeiner hat mit vielen Inszenierungen – eine ganze Reihe davon in früheren Jahren am hiesigen Landestheater – bewiesen, dass er anspruchsvolles Theater machen kann, das sein Publikum findet. In einer ironischen Bemerkung sprach er davon, dass er eine Parallele

Probe zu **Der Schatz**, Foto Anrather, 1985

zu dem von ihm hochgeschätzten Schuh sehe: Wie jener, der ab einem gewissen Zeitpunkt von den etablierten Häusern nicht mehr gerufen worden sei, gehe nun auch er auf die Straßen. [...]

Der von Ursula Schuh ausgestattete Thespiskarren wird auch im nächsten Jahr in vielen Orten des Landes – zum ersten Mal wird der Lungau miteinbezogen – und im benachbarten Bayern gastieren. Die Zukunft des Straßentheaters ist gesichert.❞

Ursprünglich war für 1985 wieder ein Stück von Lotte Ingrisch geplant. Mit ihrem Einverständnis wird das Projekt aber verschoben – und soll später nie mehr verwirklicht werden.

Klaus Gmeiner wählt für seine Einstandssaison einen Einakter von Gotthold Ephraim Lessing: „Der Schatz". Im Programmheft schreibt er dazu:

❞ In Lessings Sammlung dramaturgisch-theaterkritischer Beiträge der Hamburger Dramaturgie, findet sich ein Kapitel über die Verteidigung des Harlekins. Er bricht da eine Lanze für diese volkstümliche Figur, die Gottsched damals vom Theater verbannt hatte. Die Theaterprinzipalin Caroline Neuber, eine getreue Dienerin Gottscheds, habe den Harlekin ja gar nicht abgeschafft, sie habe ihn ja nur „Hänschen" genannt und ganz weiß, statt scheckicht gekleidet. „Die Neuberin ist tot, Gottsched ist auch tot: Ich dächte, wir zögen dem Harlekin das bunte Jäckchen wieder an!" (Lessing) Den Dichter beim Worte nehmend, ziehen wir auch in Salzburg den Straßentheaterkomödianten die bunten Jäckchen aus jener Zeit an, aus jener Zeit, in der man Komödien und Lustspiele auf Plätzen und Straßen gespielt hat, und vielleicht gelingt es, einen Schatz aus vergangenen Zeiten auf dem Thespiskarren wiederzuentdecken.❞

1985 beginnt also mit Lessings „Der Schatz" eine neue Ära am Straßentheater, die in mancherlei Hinsicht Änderungen bringen sollte. Zunächst steht Klaus Gmeiner ja noch Ursula Schuh als Ausstatterin zur Seite.

❝ Das war eine sehr fruchtbare Zusammenarbeit, die hat mir auch noch viel erzählt, also mit ihr war ich sehr gut. Sie war ja wesentlich am Straßentheater beteiligt, der ganze Mechanismus ist ja von ihr. Sie war eine anerkannte Malerin, die auch teilweise Bühnenbilder gemacht hat in Köln und in Hamburg. […] Auch Heinz Erich Klier wollte, dass sie weiter als Ausstatterin tätig sein sollte. So habe ich sie zum ersten Mal getroffen, vorher habe ich sie gar nicht gekannt. Aber wir haben uns gesehen und sofort sehr gemocht.❞

„Der Schatz" endet mit einer Hochzeit. Klaus Gmeiner gestaltete diese Szene realistisch, indem er traditionell Blumen und Reis auf das Brautpaar werfen ließ. Der Requisiteur wählte des Effektes wegen bunten Puffreis, nicht ahnend, dass diese Zuckerkörnchen für Kinder natürlich eine unwiderstehliche Verlockung bedeuten. Weiterzuspielen war unmöglich, da die kleine Spielfläche von einer unübersehbaren Schar junger Zuschauer bevölkert wurde, die sich um die Süßigkeit balgten. In den Folgevorstellungen kam dann schlichter Basmatireis zum Einsatz.

Im seinem ersten Jahr kam es für den neuen künstlerischen Leiter neben solcherlei Lernprozessen allerdings auch zu einer

Der Schatz, Foto Anrather, 1985

Schrecksekunde. Klaus Gmeiner erinnert sich an eine Abendvorstellung im Lehener Park:

99 Über 500 Zuschauer verfolgen das Spiel der Komödianten, bei dem der verliebte Lelio aus Verzweiflung rücklings in Ohnmacht fällt, auf seine Partnerin vertrauend, die ihn in letzter Sekunde auffangen sollte. Aber diese Partnerin ist nicht da. Warum? Sie stand hinter dem Wagen, umringt von einigen Fans. Das Autogramme-Schreiben ließ sie ihr Stichwort verpassen. Lelios Hinterkopfsturz blieb gottlob ohne Folgen. 66

12.000 Zuschauer kommen in insgesamt 28 Vorstellungen, aus Treue zur Institution und aus Neugierde auf die neue Leitung, die die Zuschauer mit Lessing gleich zu Beginn auf für das Straßentheater ungewohntes Terrain führt. An drei Tagen wird sogar dreimal gespielt, um der Nachfrage der Gemeinden gerecht zu werden.

Auch die Presse, für die es einen eigenen Zubringerdienst zur Premiere beim Porsche Vertriebszentrum gibt, honoriert den neu eingeschlagenen Weg. So schreibt die Salzburger Volkszeitung am 24. Juli 1985:

> Ein längst vertrauter und geschätzter Bestandteil des Salzburger Kultursommers ist das Straßentheater, das von der Salzburger Kulturvereinigung veranstaltet wird. Nach dem Tod von Professor O.F. Schuh […] wird heuer erstmals Klaus Gmeiner, regieerfahren an vielen in- und ausländischen Bühnen, Leiter der Literaturabteilung beim ORF Landesstudio Salzburg, die Inszenierung übernehmen. Klaus Gmeiner hat mit dem Lustspiel „Der Schatz" ein Jugendstück von Lessing in einem Akt ausgesucht, das in der Goldoni-Zeit entstanden ist und den szenischen Reizen der Commedia dell'Arte vertraut. Gmeiner hat ganz bewusst dieses Stück gewählt, weil, wie er in einem Gespräch betont, die Gattung der Commedia dell'Arte seit dem Bestehen des Straßentheaters nie gepflegt wurde. „Ich will heuer etwas Neues bringen", so Gmeiner, „weil ich glaube, dass mir das mit dieser Gattung gelingt." Er betrachtet Lessings „Schatz" für sehr geeignet, auf Straßen und Plätzen gespielt zu werden, da es sprachlich hervorragend sei und auch von der Besetzung her den Erwartungen entspreche. „Ganz abgesehen davon", so Gmeiner weiter, „hat Lessing selbst für dieses Stück eine Straße als Schauplatz gewählt."

Und Armin Eichholz lobt im Münchner Merkur:

> Im Entdecken eines unbekannten Stückes tut sich diesmal das Salzburger Straßentheater hervor. Der ORF-Hörspiel-Chef Klaus Gmeiner, nach dem Tod des großen Oscar Fritz Schuh mit dem 2PS-Unternehmen betraut, hat den „Schatz" des 21-jährigen Lessing ausgegraben und so überzeugend in Szene gesetzt, dass Germanisten ihr Lessingbild aufhellen müssen und jedermann sich kaputtlacht, ohne an Minna, Emilia oder Nathan zu denken.

> Das ist Truffaldinos triumphale Rückkehr nach Salzburg. Auf der Bühne des Straßentheaters wird diesmal zündende Commedia dell'Arte gespielt. […] Diesen Schatz kann man zu den Höhepunkten

in der Geschichte des Straßentheaters zählen❞, zeigt sich auch Werner Thuswaldner in den Salzburger Nachrichten begeistert.

Mit vollem Erfolg und im Sinne Schuhs, aber mit seiner eigenen unverkennbaren Note startet Klaus Gmeiner also seine Zeit als künstlerischer Leiter des Salzburger Straßentheaters. Peter Uray erinnert sich in dieser – seiner bisher letzten – Saison am Straßentheater an eine für diese Theaterform besonders charakteristische Anekdote.

❝ Wir haben in Gnigl gespielt, neben einer Schule. Und es war ausgemacht, wenn es regnet, gehen wir in die Schule und spielen weiter. Es waren auch gar nicht so viele Leute da an dem Tag, weil es schon sehr regnerisch ausgeschaut hat. Dann kam auch der Platzregen und wir gingen alle in diese Schule – das Publikum saß schon vor uns. Ich hab einen Dialog mit dem Werner Friedl und rede mit ihm, schon während ich auf die Bühne gehe – ich dachte er ist hinter mir. Er hat aber eine falsche Stiege erwischt und ist im Keller gelandet. Und jetzt stand ich auf der Bühne und hatte keinen Partner. Da habe ich ohne lang nachzudenken angefangen – weil ich Stiefel anhatte, den „Cornet" von Rilke aufzusagen. „Reiten, reiten, reiten, durch den Tag, durch die Nacht, durch den Tag. Reiten, reiten, reiten. Und der Mut ist so müde geworden" und dann hab ich schon geschrien: „... und die Sehnsucht so groß ..." und dann ist der Werner Friedl gekommen. Damals war Marianne Hoppe im Publikum und hat natürlich sofort gemerkt, was los war.❞

Auch Klaus Gmeiner erinnert sich an die Vorstellung. Marianne Hoppe sitzt damals im Publikum, weil sie sich das neue Tätigkeitsfeld ihres guten Freundes anschauen will. Gmeiner hatte ihr eigentlich von einer Innenvorstellung abgeraten, da er ihr das „wahre" Straßentheater zeigen wollte. Und das spielt sich nun einmal eigentlich auf der Straße ab. Dennoch war sie von der Aufführung begeistert. Auch an den verpassten Auftritt erinnert Gmeiner sich – allerdings etwas anders:

❯❯ Beim Auftritt von Peter Uray ist dann ein Straßentheaterhoppala passiert: Das war eine Tür, die keine Schnalle hatte und Uray geht hinein und sagt „Komm mit, mein Gesell", und die Tür fällt zu, bevor Werner Friedl reingehen kann, und so stand Peter Uray allein im Saal und hat keinen Partner gehabt und begonnen, den „Cornet" aufzusagen. Friedl hat mir erzählt, er konnte nicht mehr bei der Tür herein und suchte einen anderen Eingang. Und Uray hat das wunderbar überspielt. ❮❮

Nach der Saison kommt es zu technischen Neuerungen. Ein Wagen samt Dekoration muss angeschafft werden, eine für den Fortbestand nötige Investition, die mit der Adaption des Wagens und dem behördlich verordneten Umbau ein großes Loch in das Budget des Straßentheaters riss.

Heinz Erich Klier wendet sich deshalb im November mit der Bitte an Albert Moser, den Präsidenten der Salzburger Festspiele, er möge versuchen, beim Verein der Freunde der Salzburger Festspiele eine Subvention für das Straßentheater zu erhalten. Dieser verspricht, sich für das Straßentheater einzusetzen und hat auch Erfolg.

❯❯ Sowohl Herr Präsident Moser als auch ich sind uns der Bedeutung des Straßentheaters bewusst und aus diesem Grunde haben wir uns entschlossen, die Kulturvereinigung zu unterstützen, ❮❮ schreibt der Präsident der Freunde der Salzburger Festspiele, Wolfgang Gehmacher, in seinem Brief an Klier.

Bürgermeister Reschen sichert außerdem weitere Hilfe durch die Stadt Salzburg zu.

Der Kauf des neuen Wagens bringt einige Vorteile mit sich. Er kann zum Beispiel gezogen werden (bis 50 km/h schnell) und muss nicht mit Tiefladern transportiert werden wie sein Vorgänger. Das macht den Transport wiederum für die Gemeinden kostengünstiger als das Mieten teurer Tieflader. Und da der Wagen größer ist als sein Vorgänger, bietet er unter anderem auch eine größere Spielfläche.

Mirandolina, Foto Anrather, 1986

Bei Gastspielen in der Salzburger Umgebung besteht die Vereinbarung, dass die Gemeinde, in der an diesem Tag zuerst gespielt wird, per Zugmaschine den Thespiskarren vom dem gestern bespielten Ort abholt. In einer von Salzburg relativ weit entfernten Gemeinde standen die Schauspieler pünktlich in voller Montur zum Spiel bereit, aber der Wagen fehlte. Das Gemeindeoberhaupt hatte vergessen, den Transport zu organisieren. Gerüchte erzählten von einem Fest am Vorabend, bei dem eifrig getrunken wurde. Da kann man schon einmal etwas vergessen ...

Trauriges Fazit: Seither gibt es von besagter Gemeinde keine Einladung mehr für ein Gastspiel.

Nach Lessing wagt sich Klaus Gmeiner im Folgejahr 1986 an einen großen Stückeschreiber der Commedia dell'Arte: Carlo Goldoni. Dessen „Mirandolina" wird in Gmeiners Bearbeitung 14.000 Besucher in 30 Vorstellungen anlocken.

Im Vorfeld gab es erheblichen Ärger mit dem Wagen. Am 22. Juni schreibt Ursula Schuh einen zornigen Brief an Bürgermeister Reschen, da ohne Rücksprache mit ihr, die den Wagen entworfen

Vorstellung auf der Jedermann-Bühne am Domplatz, Foto Anrather, 1986

und seit 1970 für die Inszenierung adaptiert hat, eine Lautsprecheranlage am Wagen montiert worden war. Dieser sicher gut gemeinte Eingriff empört Schuh sehr, auch Klaus Gmeiner möchte für diese spezielle Art des Theaters den Wurzeln treu bleiben und auf solche Unterstützung verzichten – ganz im Sinne des Gründers O.F. Schuh. Ursula Schuh hält die Lautsprecheranlage:

99 schon an sich, vom Begriff Straßentheater aus gesehen, für einen absoluten Missgriff. Es wäre der Anfang vom Ende des Straßentheaters. Dazu kommt, dass die Ausführung von einer Horde von Vandalen geleistet wurde. Nicht nur Teile der Wandbespannung, die man ja hätte ersetzen können, sind heruntergerissen worden, sondern Teile der Unterlagen waren abgesägt, das heißt also: nicht mehr bespannbar. [...] Das Straßentheater, von O.F. Schuh konzipiert und von mir und den Werkstätten der Festspiele realisiert, lebt von seiner ruhigen Kraft, seinem Gegensatz zu der heute so oft erschreckenden und bedenkenlosen Art, sich laut und möglichst dröhnend in Szene zu setzen. Was für den Fußball gut ist, ist es ja bestimmt nicht für echtes Theater. 66

Peter Pikl und Brigitte Quadlbauer in **Sganarell**, Foto Anrather, 1987

In ihrem Begleitschreiben an Heinz Erich Klier bittet sie – von Klaus Gmeiner und allen, denen sie davon erzählt hat, unterstützt – um die Abmontage der Anlage. Dieser Bitte wird auch entsprochen.

Die Premiere findet erstmals im Lehener Park abends um 20.30 Uhr im Scheinwerferlicht statt. Außerdem spielt das Straßentheater tags darauf im Rahmen des Festes zur Festspieleröffnung auf der Jedermann-Bühne. Die Zuschauer drängen sich in den Sitzreihen und den überfüllten Stehplätzen.

Akustisch ist die Aufführung für die Schauspieler am Domplatz für so eine Menschenmenge nicht zu schaffen, aber der Anblick der überfüllten Tribüne ist überwältigend.

Die Salzburger Nachrichten vermelden am 19. November 1986 unter „Molière auf dem Straßentheater", dass mit Molière im

Peter Pikl und Leo Braune in **Sganarell**, Foto Anrather, 1987

kommenden Jahr mit einem französischem Beispiel der Commedia dell'Arte erstmals ein programmatischer Zyklus von Gmeiner abgeschlossen werden wird.

1987 folgt also Molière mit „Sganarell oder Der vermeintliche Hahnrei – Der Betrogene in der Einbildung". Am 12. Juli feiert Ursula Schuh ihren 80. Geburtstag. Der Wagen weist seitdem bis heute beibehaltene essenzielle, die Inszenierung erheblich beeinflussende Neuerungen auf. Die Salzburger Volkszeitung berichtet am 25. Juli 1987, dass erstmals, um die Bühne optisch zu vergrößern, links und rechts Anbauten angebracht wurden. Außerdem gibt es – mittlerweile nicht mehr wegzudenkende – Treppen links und rechts, die andere Auf- und Abtrittsmöglichkeiten schaffen.

Zur Premiere gibt es – wie in den Salzburger Nachrichten unter dem Titel „Molière fürs große Publikum" – hymnische Kritiken in der Presse.

❯❯ „Das ist das Beste, was bisher gespielt worden ist", sagte eine Frau mit Begeisterung in der Stimme beim Weggehen. Der Satz ist bei vielen Aufführungen des Straßentheaters gefallen. Diesmal hat er, schaut man die Jahre zurück, einige Berechtigung. Die Wahl der Komödie „Sganarell oder Der vermeintliche Hahnrei" von Molière ist ein Volltreffer, weil er imstande ist, ein Publikum zu unterhalten, das sonst mit Theater nicht viel im Sinn hat. Aber auch der literarisch Verwöhnte kommt auf seine Rechnung, denn es ist – selbst in der gereimten Übersetzung – bei aller Einfachheit des Grundrisses ein kleines Sprachkunstwerk. Die Inszenierung von Klaus Gmeiner bietet handfestes Theater, ohne jemals platt zu wirken. ❞

10.000 Zuschauer sehen in 28 Vorstellungen dem bunten Treiben des Straßentheaterensembles zu. An diesmal nur zwei Tagen wird dreimal gespielt. Nach dem Höhenflug der letzten Saisonen ist ein Besucherrückgang zu bemerken. Dieser wird beim traditionellen Abschiedsessen, welches die Stadt Salzburg für das Team des Straßentheaters jährlich veranstaltet, von Stadtrat Dietrich Masopust mit dem schlechten Wetter begründet. Dennoch werden alle 28 geplanten Vorstellungen eingehalten. Außerdem ziehe die Popularität immer weitere Kreise, berichtet Masopust, immer neue Gemeinden wollen den Thespiskarren in ihren Kultursommer integrieren.

Aber finanzielle Probleme machen dem Veranstalter leider immer noch große Sorgen. Noch im darauffolgenden Februar wird in den Salzburger Nachrichten berichtet, dass die Abwicklung des Straßentheaters 1988 nicht fix ist. Außerdem wird konstatiert, dass erstmals seit Jahren das Straßentheater nicht im Vorprospekt der Salzburger Festspiele aufscheint. Im Mai dann die Entwarnung: Das Budget ist gesichert, das Straßentheater kann wie gewohnt stattfinden. Aus finanzieller Sicht kommt die Entscheidung allerdings wirklich im letzten Moment. So knapp war es noch nie. Klaus Gmeiner kann also seinen Plan, dem Straßentheaterpublikum ein feines, ernsthaftes Kammerspiel zu präsentieren, verwirklichen.

❯❯ Ich habe sogar zu seinem Geburtstag ein Stück von Stefan Zweig gespielt, wo sehr viel Skepsis war, weil gar nicht so viel Aktion ist. Aber die Leute haben zugehört! Das war für mich der Beweis, dass die Leute das Straßentheater ernst nehmen, dass sie nicht nur die Torte ins Gesicht wollen.❮❮

Gleichzeitig wird es Zeit für die offizielle „Wagenübergabe". Bernd Dieter Müller übernimmt die Aufgabe der Ausstattung von Ursula Schuh. Am Programmzettel von 1988 heißt es in einem Text von Klaus Gmeiner dazu:

Bernd Dieter Müller mit Klaus Gmeiner, Foto privat, 2007

❯❯ P.S. Wenn heuer der Name URSULA SCHUH nicht mehr auf dem Programmzettel steht, heißt das keineswegs, dass es sich nicht mehr um den wohlvertrauten und bewährten Wagen der verdienstvollen Ausstatterin handelt. Die ideenreiche Erfinderin dieser originellen Spielstätte hat nur den Pinsel in die Hand eines jüngeren Kollegen gelegt.❮❮

Klaus Gmeiner erinnert sich, welche Veränderung dieser personelle Wechsel für das Straßentheater bedeutet hat.

❯❯ Schuh hat sich ein bisserl an die Neuberin gehalten, nämlich dass sich auf dem Wagen dekorativ nicht viel ändert. Natürlich, wenn ein Zimmerstück da war, dann waren Zimmermöbel auf der Bühne und vielleicht noch eine Andeutung am Wagen, aber nichts Naturalistisches, da wurde nicht sehr auf das Stück eingegangen –

Der verwandelte Komödiant, Vorstellung mit Presse, Foto Anrather, 1988

außer die Kostüme, ja. Aber seit der Müller das macht, ist in jedem Stück eine völlig andere Dekoration, wobei ich nicht sagen möchte, dass es naturalistischer gemacht ist. Es sind oft reine Phantasiedekorationen, die aber beim Stück schon helfen. Also, wenn man drei Türen braucht, sind drei Türen da. Aber mit unglaublich viel Phantasie fällt diesem von mir sehr geschätzten Burschen immer wieder eine neue Variante ein, der Wagen ist jedes Mal anders und das mögen die Leute natürlich sehr gern. Einerseits kommt der Wagen mit den Pferden jedes Jahr, andererseits ist es eben immer wieder ein anderer Blickwinkel. Die Möglichkeiten werden bis ins Letzte ausgenützt. Er hat sogar eine Drehbühne eingebaut, […] hat wesentliche neue Impulse gegeben.❞

Und auch für die Organisation bedeutet der Personalwechsel eine Veränderung. Es gibt eine Innenvariante, das bedeutet, dass die Innenwände der Dekoration abgenommen und am Schlechtwetter-Spielort in einer Halle oder Saal aufgebaut werden können. 10.000 Zuschauer kommen in insgesamt 25 Vorstellungen von

Stefan Zweigs „Der verwandelte Komödiant". An einem Tag wird dreimal gespielt.

Auch in diesem Jahr werden die Vorstellungen durch die eine oder andere lustige Begebenheit bereichert. Bei einem Gastspiel in einer größeren Stadt im Salzburger Land etwa war eine Besucherin vom Hauptdarsteller dermaßen begeistert, dass sie ihm spontan anbot, die Kosten der Ausbildung an einer renommierten Schauspielschule zu übernehmen. Sie war der Meinung, dass es sich hier um ein Liebhabertheater handelt, in dem sie ein großes Laien-Talent entdeckt hatte. Dennoch gelang es besagtem und zu diesem Zeitpunkt auch schon renommiertem Künstler, die gut gemeinte Geste als Kompliment zu verstehen.

Die Kritiken über den „Verwandelten Komödianten" fallen gegensätzlich aus. Das Salzburger Volksblatt ist der Meinung, dass es überflüssig sei, jetzt auch noch ernstes Theater mit dem Thespiskarren zu den Menschen zu bringen, die von dort Lustiges erhoffen.

In den Salzburger Nachrichten hingegen lobt Werner Thuswaldner:

99 So wie die neugestaltete Bühne des Straßentheaters aussieht, verspricht sie unbeschwertes Gaudium. Figuren der Commedia dell'Arte scheinen darauf ihr Unwesen zu treiben. Das von Bernd Dieter Müller erfundene, bezaubernde Szenarium ist genau auf eine Wandertruppe zugeschnitten. [...] Das hat es auf dem Straßentheater noch nicht gegeben. Von dort ist man harmlos-heitere Stücke gewohnt und diesmal klingt es doch ganz anders. Also ernst und daher nicht publikumswirksam? Keineswegs. „Der verwandelte Komödiant" von Stefan Zweig ist in Klaus Gmeiners Inszenierung so vielschichtig, dass sich jeder davon nehmen kann, was er möchte.

[...] Dazu kommt, dass die darstellerische Qualität weit über dem auf dem Straßentheater gewohnten Niveau angesiedelt ist. Das liegt in erster Linie an Leo Braune, der bisher wohl unterschätzt worden ist. Hier entpuppt er sich als ein gewandter Charakterspieler und überaus prägnanter Sprecher. Aber auch Else Ludwig – sie spielt

Der verwandelte Komödiant, Foto privat, 1988

eine in den Konventionen gefangene Gräfin – steuert neue Töne bei und zeigt, dass auf dem Thespiskarren die Schauspielkunst nicht verraten werden muß. [...] Das Prädikat „Sehenswert" ist wohl das Mindeste für diese gelungene Unternehmung.❞

Leo Braune, der seit Gmeiners erstem Jahr praktisch zum Stammensemble gehört, erinnert sich an seine etwas schwierigen Anfänge.

❝ Was für mich das Neue war und das Erschreckende, was mir aber dann, als ich damit fertig wurde – und ich glaube, das kann ich mittlerweile sagen, dass das so ist, geholfen hat: Ich war immer ein sehr schüchterner Schauspieler, auch privat und auf der Schauspielschule, hab den Bühnenraum des Theaters immer als Schutz empfunden vor dem Publikum. Andere Kollegen, am Seminar, die konnten raus, die gingen auf die Leute zu und machten ihre Kasperliaden, mit einem gewissen Exhibitionismus, den ich nicht so hatte. Da hat mir das Straßentheater absolut geholfen. Dass ich mehr auf die Leute zugehe, sie anspiele, so wie das die Kabarettis-

Die Mitschuldigen, Foto Anrather, 1989

ten machen, das brauchst du ja da. Dass ich jetzt als Privatmann den Augenkontakt zum Publikum habe, das fiel mir ganz besonders schwer, das ist ganz sicher durchs Straßentheater besser geworden, es hat mich mehr zu mir geführt. Als Schauspielschule war es sehr gut für mich.❞

1989 wagt sich Klaus Gmeiner an den nächsten großen Theaterdramatiker. In seiner Bearbeitung überrascht Johann Wolfgang von Goethes Komödie „Die Mitschuldigen" Presse und Publikum.

❝ Begeisterte Kinder umringen den von zwei schweren Rössern gezogenen Theaterwagen, eine Parkbank wird herbeigeschafft, mit Klappsesseln, Decken und ausgebreiteten Jacken machen es sich die Zuschauer bequem: Der Hügel im Lehener Park wurde zur vollbesetzten Freilichtbühne für die Premiere des Salzburger Straßentheaters❞ schreibt Michael Schmid in der Salzburger Krone.

Und in den Salzburger Nachrichten vom 22. Juli wundert man sich:

Die Mitschuldigen, Foto privat, 1989

💬 Jetzt spielt das Straßentheater sogar Goethe! Hat sich die Volksbelustigung nun dem Bildungstheater verschrieben? Keine Angst – es geht spaßig und deftig zu. Der eine versteckt sich unterm Bett, während drüber die Hölle los ist. Betrogen und gestohlen wird, dass sich die Bretter des Thespiskarrens biegen. Erstaunlich, wie aktuell das über 200 Jahre alte Stück ist. […] In der Inszenierung von Klaus Gmeiner mischen sich anmutige und derbe Züge, und die Figuren könnten plastischer nicht sein. […] Anmut und Phantasie investiert auch Bühnenbildner Bernd Dieter Müller. Von Jahr zu Jahr stellt er neue Experimente mit dem Theaterwagen an. Diesmal ist der Bühnenraum das aufgerissene Maul eines schwarzen Bären. Womit deutlich wird, wie gefährlich das Terrain ist, auf dem sich die Darsteller bewegen.💬

10.000 Zuschauer kommen in 27 Aufführungen, abermals wird an einem Tag dreimal gespielt.

Mit Goethe schafft es das Straßentheater sogar mit einem kurzen Informationsartikel in die „Bühne" – Ausgabe Juli/August 1989 („Straßentheater mit Goethe"). Vom ORF wird zum bevorstehenden Jubiläum im folgenden Jahr im Hof des Schlosses Mirabell „Die Mitschuldigen" außerhalb der Saison aufgezeichnet.

**Das Straßentheater
3. Dekade (1990–1999)**

Frühere Verhältnisse, Peter Pikl und Gerhard Dorfer, Foto Anrather, 1990

1990 feiert man 20 Jahre Salzburger Straßentheater. Am 13. August veranstaltet die Stadt Salzburg im Marmorsaal des Schlosses Mirabell einen Empfang anlässlich des Jubiläums. Wieder begeht man das Jubiläumsjahr mit Nestroys „Frühere Verhältnisse".

Diesmal mit Dolores Schmidinger als Peppi Amsel und Elfriede Ramhapp, Gerhard Dorfer und Peter Pikl in den weiteren Rollen. Die Zuschauer kommen diesmal wieder zahlreicher. 12.000 Menschen sehen in insgesamt 28 Vorstellungen das auf der Salzburger Pawlatschen bestens bekannte Stück über Liebe und wechselnde Dienstverhältnisse. 1990 wird wieder an zwei Tagen dreimal gespielt.

Peter Pikl, Foto privat, 1990

99 Eigentlich habe ich mich gewundert, wie konstant es bleibt. Es ist teilweise ein Stammpublikum gewesen, die ihre Autogrammbücher bringen und einem nachweisen, wie oft sie schon seit wie vielen Jahren an diesem oder jenem Spielort dabei sind. Es sind vorwiegend alte Damen, die dann bei schlechtem Wetter mit Thermoskannen voll Tee oder Kaffee anrücken und so war die Atmosphäre immer anheimelnd. Über die Jahre hat sich an der Zusammensetzung des Publikums relativ wenig verändert. Sehr schön war, dass so viele schon sehr lang am Bankerl sitzen und wirklich warten, dass wir kommen. Das macht, finde ich, überhaupt den Reiz am Straßentheater aus, dass man wirklich das Gefühl bekommt, die Leute freuen sich darauf, dass die Komödianten kommen und ihnen etwas vorspielen. Entzückend war auch, dass manche Menschen Fotos, die sie gemacht haben, im nächsten Jahr bringen und den Schauspielern als Erinnerung geschenkt haben, 66 denkt Gerhard Dorfer gern an das besondere Publikum zurück.

Mit musikalischen Kostproben aus der Inszenierung wird am 24. Juli im Sparkassenstöckl eine Ausstellung anlässlich der 20 Jahre Salzburger Straßentheater eröffnet.

„Man muß die Leute kriegen, das ist eine Herausforderung, und dazu gehört ein ungeheurer Exhibitionismus", wird Klaus Gmei-

Bundespräsident Kurt Waldheim spendet bei der Premiere, Foto Anrather, 1991

ner bezüglich der Schwierigkeiten für die Schauspieler in der Juli-Ausgabe der Zeitschrift „Bühne" zitiert. Andererseits ist es gerade diese Lust, auf die Pawlatschen hinauszugehen, die Prominenz anlockt. „Alfred Böhm, Peter Uray, Hans Putz, Waltraut Haas, Dietmar Schönherr, Helmut Janatsch, Hugo Lindinger haben schon hier gespielt, und noch keiner hat gesagt, er macht das nicht mehr."

Wieder mit Nestroy beginnt das dritte Jahrzehnt am Straßentheater. „Zeitvertreib", ein größtenteils unbekanntes, späteres Stück von Johann Nestroy findet in der Bearbeitung von Klaus Gmeiner 1991 großen Beifall bei Publikum und Presse. Bundespräsident Kurt Waldheim besucht mit Landeshauptmann und Bürgermeister die Premiere.

Der Straßentheaterwagen erschließt immer neue Spielplätze – seit diesem Jahr fährt man auch in den Lungau. In St. Michael und Tamsweg bewährt sich der Thespiskarren. Nach längerer Zeit begibt sich das Straßentheater 1991 wieder auf ein außerplan-

Zeitvertreib, Lehener Park, Foto Anrather, 1991

mäßiges Gastspiel. Im August wird allerdings nicht die aktuelle Produktion, sondern der Pawlatschen-Klassiker nach dem Ende der Saison in Salzburg zweimal im Burgenland gespielt. Gerhard Dorfer erinnert sich daran:

99 Mit den „Früheren Verhältnissen" waren wir dann auch noch einmal außerhalb der Spielzeit in Salzburg bei einem Gastspiel in Oberwart. Da haben wir in einer neu eröffneten Messehalle gespielt, wo der Wagen hineingestellt wurde. Und es kam, wie es kommen musste, es kam ein Platzregen und die Messehalle hat sich über den Bürgermeister entleert.66

10.000 Besucher kommen zu den 27 Vorstellungen im gesamten Bundesland Salzburg, wieder werden drei davon an einem Tag gespielt.

99 Die Eignung für das Straßentheater, mit dem die Salzburger Kulturvereinigung in Stadt und Land und sogar jenseits der Grenzen während zweier Wochen ein großes Publikum erfreut, ist dank

Der Dieb, der nicht zu schaden kam, Foto Anrather, 1992

Klaus Gmeiners Bearbeitung und Inszenierung vollauf gegeben. Die Posse nimmt keine Rücksicht auf Zuschauer mit verwöhntem Geschmack und spielt das Mittel der Täuschung voll aus. Sie ist gespickt mit handfesten Späßen und holt in den Couplets – die zügige Musik hat Alexander Pitamic einstudiert – sogar zu ein wenig Zeitkritik aus. Der von Bernd Dieter Müller entworfene Bühnenaufbau zeigt in der Silhouette eine biedermeierliche Kartenpartie und bietet so viele Spielmöglichkeiten wie gerade nötig. [...] Das Vergnügen lässt kaum einen Wunsch offen.❞

Diese erfreuliche Kritik steht in den Salzburger Nachrichten vom 26. Juli 1991. Sie lässt aber nicht darüber hinwegtäuschen, dass sich mittlerweile generell eine abnehmende Tendenz in der Präsenz des Straßentheaters in den Medien wahrnehmen lässt. Dass das nachlassende Interesse aber nicht für das Publikum gilt, zeigt ein Leserbrief in den Salzburger Nachrichten (5. September 1991):

❝ Dank und Bewunderung den Schauspielern, die trotz strömenden Regens hinreißend die Nestroyposse bis zum Ende durchspiel-

Bundespräsident Thomas Klestil bei der Premiere, Foto Anrather, 1992

ten und sogar noch mit Humor das schlechte Wetter in ihr Spiel aufnahmen und miteinbezogen.❞

In der Pressekonferenz am 22. Juli 1992 wird das Stück der kommenden Saison präsentiert. Und Klaus Gmeiners Wahl überrascht. Hat er doch mit Dario Fo erstmals während seiner Leitung zu einem modernen Stück gegriffen. Das zweite Mal in der gesamten Geschichte des Straßentheaters wird also ein zeitgenössisches Stück aufgeführt. Zur Erinnerung: 1973 stand „Die Heiratsschwindlerin" von Lotte Ingrisch auf dem Spielplan.

Österreichs neuer Bundespräsident Thomas Klestil kommt in der Tradition seiner Vorgänger zur Premiere und zeigt sich vom Salzburger Straßentheater hellauf begeistert. Auch die Presse ist inhaltlich abermals völlig überzeugt. Die Kritiken sind alle sehr gut, allerdings wieder spürbar weniger als in den vielen Jahren zuvor.

❞ Die diesjährige Posse auf der Pawlatschen des Straßentheaters ist ein Volltreffer. Und sie ist gar nicht von Nestroy, sondern von

Der Dieb, der nicht zu schaden kam, Foto Anrather, 1992

dem Italiener Dario Fo, einem Theaterautor der Gegenwart. Freilich hält er ganz genau an den Regeln der Tradition – etwa der Commedia dell'Arte – fest, damit das turbulente Geschehen abschnurren kann wie geschmiert.❞ (Salzburger Nachrichten, 25. Juli 1992)

Und auch die Schauspieler – wie beispielsweise Gerhard Dorfer – haben scheinbar ihren Spaß.

❝ Der Fo war gut, hat gut gepasst. Mit einer gewissen Italianità, einem gewissen südländischen Flair hat es sehr gut auch auf den Wagen gepasst, obwohl es ja ein modernes Stück ist. Fo versteht es ja, dieses traditionelle Volkstheater zu machen.❞

Klaus Gmeiner meint rückblickend, dass die Leute – erstmals fiel die Besucherzahl auf unter 10.000 – schon auch Kostüme sehen wollen, nichts Zeitgenössisches, wo sich die Schauspieler optisch nicht vom Publikum unterscheiden. Sie wollen vor allem klassische Theaterstücke, wie sie erfolgreich mehr als zwei Jahrzehnte am Straßentheater gezeigt worden waren. So sehen nur 8000

Zuschauer in 26 Vorstellungen von Dario Fos „Der Dieb, der nicht zu schaden kam". Gmeiner ortet aber auch ein anderes Problem, das in den Medien aufgegriffen wird:

❞ Man versucht, der Tradition treu zu bleiben und die Wurzeln des Theaters nicht zu vergessen. Für solche Zwecke geeignete Stücke sind jedoch in der Gegenwart und jüngeren Vergangenheit sehr schwer zu finden. Dario Fo aber ist ein Autor, mit dem sich die Tradition der fahrenden Komödianten und der Commedia dell'Arte weiterführen lässt. Regisseur Gmeiner meint, das Straßentheater sei „in die Jahre gekommen", und die zeitliche Festigung einer Institution bringe nicht nur positive Auswirkungen mit sich: Das Straßentheater werde in Salzburg als selbstverständliche Einrichtung angesehen, die nach so vielen Jahren nun wohl nicht erweiterter Unterstützung bedürfe. Vor allem die fehlende Kooperationsbereitschaft renommierter kultureller Institutionen Salzburgs wird beklagt. ❝ (Salzburger Nachrichten, 23. Juli 1992)

Klaus Gmeiner äußert diese Bedenken auch gegenüber der Kulturvereinigung nach einem nicht sehr erfreulichen Sommer, in dem in einigen Orten Desinteresse oder Beschwerden über das Sammeln von Spendengeldern spürbar geworden waren. Er geht sogar so weit, seinen Posten zur Verfügung zu stellen, sollte jemand mit neuen Ideen das Salzburger Straßentheater übernehmen wollen.

1993 hat man Konsequenzen gezogen. Organisatorisch wird einiges verändert, personell wird aber wie gewohnt weitergemacht. Klaus Gmeiner ist mit Marivauxs „Spiel von Liebe und Zufall" zu klassischer Theaterliteratur zurückgekehrt, hat sich aber der Übersetzung und Bearbeitung eines Zeitgenossen bedient: H.C. Artmann wird das Salzburger Straßentheater nicht nur in diesem Jahr mit seinen Stückfassungen begleiten.

Mit 8200 Zuschauern in insgesamt 26 Vorstellungen bleibt die Besucherzahl auch in diesem Jahr zwar weit unter dem gewohnten Durchschnitt, aber Publikum und Presse sind sich einig:

Spiel von Liebe und Zufall, Gabriele Schuchter und Peter Pikl, Foto Anrather, 1993

❞ Einem großen Publikum, das es kaum gewöhnt ist, wird Lust aufs Theater gemacht. [...] Bühnenbildner Bernd Dieter Müller setzt seinen Ehrgeiz daran, den Aufbau für den Theaterwagen jedes Jahr ganz anders zu gestalten. Diesmal haben die Zuschauer eine kühn geschwungene, überdimensionale Feder vor sich. Das Besondere an ihr ist, dass in sie, was zunächst nicht zu merken ist, eine Vielzahl von Türen und Fensterchen eingelassen ist. Regisseur Klaus Gmeiner nützt sie, um das komödiantische Geschehen von Spionen und Kibitzen beobachten zu lassen. Gmeiner ist für diesen Sommer gewiß eine ideale Stückwahl gelungen. Das „Spiel von Liebe und Zufall" kommt den Erfordernissen des Straßentheaters aufs Beste entgegen. Die liebenswürdige, virtuos vorgetragene Geschichte von Pierre de Marivaux hat Witz, scheut nicht vordergründige Wirkung, wahrt aber stets das literarische Niveau.❞ (Salzburger Nachrichten, 24. Juli 1993)

Bei der Premiere sind gleich zwei Staatspräsidenten anwesend: Thomas Klestil und Vaclav Havel. In den Medien wird Claudia An-

Die Präsidenten Vaclav Havel und Thomas Klestil bei der Premiere, Foto Anrather, 1993

drosch, deren Name nicht zuletzt durch ihren Vater allen ein Begriff ist, hervorgehoben. Aber auch ihre Partner Leo Braune, Gabriele Schuchter und Peter Pikl – gemeinsam stellen sie die zwei zentralen Pärchen der Geschichte dar – finden großen Anklang.

Gabriele Schuchter – 1993 unter der Regie von Klaus Gmeiner das erste Mal dabei – hat ihre eigenen Erfahrungen mit dem Wagen schon vorher gemacht.

99 Lustigerweise habe ich mit meinem Bruder Georg schon früher am Wagen gespielt. Wir haben Karl Valentins „Tingeltangel" gespielt und uns dafür dann auch das Zubehör ausgeborgt, allerdings ohne Pferde [...]. Das Stück war damals so beliebt, dass wir es dann am Alten Markt am Straßentheaterwagen gespielt haben, also noch bevor ich dann eigentlich am Straßentheater gespielt habe.
Die Zeit dort hab ich auch in sehr guter Erinnerung. Es waren zwei Stücke: Marivaux „Spiel von Liebe und Zufall" und Lorca „Dame Kobold" – beides in Artmann Fassungen. Ich fand die Bearbeitung schon sehr gut. Was wir in der Hand hatten, war sehr pointiert und

auf das Wesentliche beschränkt. Es waren auch Kollegen, die schon öfters dort gespielt hatten, was mir vor allem im ersten Jahr sehr geholfen hat. Es verlangt schon eine besondere Art von Theaterspielen.
Man entwickelt auch eine gewisse Konzentration auf das Wesentliche – zum Beispiel, dass man nicht soviel herumredet. Wenn man lange Proben hat, redet man viel mehr über die Arbeit. Wir sind auch oft nach den Proben in einem Gasthaus gesessen und haben noch diskutiert.❞

Während all der positiven Erlebnisse verliert das Unternehmen Straßentheater nach Oscar Fritz Schuh einen weiteren Initialzünder. Am 7. August stirbt Ursula Schuh. In den Salzburger Nachrichten erscheint am 11. August ein Nachruf:

❝ Ursula Schuh war die Gattin des Regisseurs und Theatermanns Oscar Fritz Schuh, dem nicht zuletzt die Salzburger Festspiele eine Reihe herausragender Inszenierungen zu verdanken hatten. Sie war vor allem aber eine Künstlerin mit eigenem Profil. Ursula Schuh war gebürtige Hamburgerin und wuchs im Stadtteil Blankenese auf. Wichtige Impulse für ihre Entwicklung als Künstlerin gaben ihr nicht nur das Studium der Kunstgeschichte, sondern insbesondere Begegnungen mit Kandinsky am Bauhaus in Dessau sowie mit Braque in Paris. Mit ihrer Hinwendung zur Abstraktion in ihrer Malerei schuf sie sich Probleme im Dritten Reich. 1939 hatte sie Oscar Fritz Schuh geheiratet, durch den sie zu ihrem zweiten Betätigungsfeld als Bühnen- und Kostümbildnerin angeregt wurde. Für das Ehepaar wurde Salzburg zur Wahlheimat, und auch nach dem Tod Oscar Fritz Schuhs blieb Ursula Schuh ihrem Wohnsitz in Großmain treu. Einem großem Publikum in Stadt und Land ist sie als Ausstatterin des Salzburger Straßentheaters bekannt geworden.❞

Nach der erfolgreichen H.C.-Artmann-Fassung des Marivaux-Klassikers im Jahr davor entscheidet sich Klaus Gmeiner 1994 abermals für eine Artmann-Bearbeitung: Kleists „Der zerbrochne Krug".

Der zerbrochne Krug, Foto Anrather, 1994

99 Das war sozusagen ein Kompromiss – Theaterliteratur von einem Zeitgenossen bearbeitet. Nur sein „zerbrochner Krug" ist eigentlich ein echter Artmann mit den Formulierungen und der Transformation ins Österreichische – das ist einfach ein Wurf, wunderbar. 66

Der Autor ist bei der Premiere anwesend. Bei der Presse kommt die Tatsache besonders gut an, dass der Wahlsalzburger H.C. Artmann die Handlung von Holland nach Österreich geholt hat und für alle Einzelheiten österreichische Entsprechungen gefunden hat. Zu den altbekannten „Straßentheaterhasen" Gerhard Dorfer und Ilse Hanel gesellen sich in dieser Inszenierung Ernst Prassel, Christian Kofler, John F. Kutil, Maria Köstlinger und Julia Gschnitzer. Sie erinnert sich auch heute noch besonders gerne an diesen Sommer.

99 Das Schöne ist, dass man so direkten Kontakt mit dem Publikum bekommt, das spürt man auch sofort. Es ist eine – fast möch-

Julia Gschnitzer als Marthe Rull, Foto Anrather, 1994

te ich sagen – befreiendere Art, Theater zu spielen. Im Theater ist der Großteil des Publikums von vornherein kritisch eingestellt; leider. Ich gehör zu der Art von Publikum, ich geh immer hinein wie ein Kind. Und hinterher kann ich sagen: „Hat mir nicht so gut gefallen oder hat mir sehr gut gefallen." Aber zum Straßentheater gehen die Leute mit der Einstellung: Das wird heute wieder schön! Und dieses positive Gefühl spürt man da oben gleich und es ist sofort ein Kontakt hergestellt. Gleichzeitig muss man auch für die hintersten Reihen, die von der Umwelt abgelenkt sind, sehr genau sein. Und ich muss sagen, was ich so gesehen habe, es wird exaktes Theater gemacht, es wird nicht geschmiert.

Es ist natürlich schon so, dass es schwirig ist, bei den vielen Menschen immer mit der Stimme drüber zu kommen und die in der letzten Reihe werden nicht immer alles verstehen. Man wundert sich ja, wie viele Menschen zum Straßentheater kommen. Das ist aber ja auch gleichzeitig was Wunderbares. Als Marthe Rull hatte ich es verhältnismäßig leicht, weil die poltert sowieso durch das ganze Stück, die ist ja nie leise.❞

Inhaltlich und schauspielerisch zu überzeugen, ist eine Sache. Die dafür nötigen Hilfsmittel immer parat zu haben, eine ganz andere. Die Maskenbildnerin Maria Gradl erinnert sich an so manchen Kampf mit den Tücken einer Wanderbühne:

99 Im Lehener Park beim „Zerbrochnen Krug" hab ich die Perücke vergessen – aber das ist ja ein Requisit, die Perücke, die der Richter verliert. Da musste ich mit dem Taxi in die Volksschule zurückfahren. Da bin ich tausend Tode gestorben, ich war so hysterisch – das war auch noch ziemlich am Anfang. Aber ich war rechtzeitig zurück. 66

Kleist lockt auch wieder spürbar mehr Menschen zum Straßentheater. 9600 Zuschauer kommen in die 25 Vorstellungen. Am 3. August 1994 ist in den Salzburger Nachrichten sogar zu lesen, dass aufgrund des großes Interesses am Straßentheater – zur Halbzeit konnten 5400 Zuschauer gezählt werden – eine zusätzliche Vorstellung im Lehener Park am 5. August eingeschoben wird. Gerhard Dorfer erinnert sich besonders an das Bühnenbild:

99 Mit Müllers Bühnenbildern ist eine ganz neue Ästhetik dazugekommen. Jedes einzelne davon war faszinierend. Ich erinnere mich zum Beispiel an den „Zerbrochnen Krug", wo die Wände beschrieben waren und die vielen Klappen, die aufgegangen sind. Die Leute rechnen gar nicht damit, dass diese Verwandlungen am Thespiskarren möglich sind. 66

1995 gibt es wieder ein Jubiläum. Diesmal werden 25 Jahre Salzburger Straßentheater gefeiert. Landeshauptmann Hans Katschthaler eröffnet eine dazugehörige Fotoausstellung über das Straßentheater. Diese findet vom 27. Juli bis 31. August 1995 im Sparkassenstöckl statt. Bernd Dieter Müller hat nicht nur die Ausstattung des Theaterwagens, sondern auch die der Ausstellung übernommen. Und (mittlerweile erwartet) spielt man am Thespiskarren zum Jubiläum die „Früheren Verhältnisse" von Johann Nestroy.

Frühere Verhältnisse, Peter Pikl und Elfriede Schüsseleder, Foto Anrather, 1995

Der ORF widmet der Theaterinstitution zu ihrem „silbernen" Jubiläum ein halbstündiges Österreichbild, das am 23. Juli ausgestrahlt wird. Durch die Sendung führt Elfriede Ott:

❞ Schuh hat sich in Salzburg ein Denkmal geschaffen, nämlich dadurch, dass er das Salzburger Straßentheater erfunden hat. Ich wünsche dem Theater – uns, dass die Wurzeln, die sich da im Freien durch den Asphalt bohren, dass sie weiter wachsen und blühen. Und dass wir Schauspieler sehr oft Gelegenheit haben, dem Publikum ganz nahe zu kommen. Unterm Himmel, Theater in der Luft. Da nützen uns keine gebauten Kulissen, da müssen wir mit unserem Gesicht da sein, mit unseren Kräften, unseren Stimmen, unserer Persönlichkeit. Sonst wird es nix. ❝

Von der schreibenden Zunft hingegen wird das Jubiläumsjahr nur äußerst dürftig – wenn auch sehr positiv – wahrgenommen.

99 Kaum ein anderes Stück ist so geeignet für die fahrbare Bühne wie dieser Einakter. [...] Klaus Gmeiners Inszenierung unterstreicht die Zeitlosigkeit des Stoffes mit einigen Seitenhieben auf aktuelle Skandale, Kulturpolitik und Festspiele. [...] In dem einfachen, in seinem Grau auf die Vergänglichkeit alles menschlichen verweisenden Bühnenbild von Bernd Dieter Müller und mit der Musik von Helmuth Gubi werden Nestroys „Frühere Verhältnisse" zu einem Komödiantenereignis, auf das sich Stadt und Land Salzburg freuen können. 66 (Salzburger Volkszeitung, am 24. Juli 1995)

Frühere Verhältnisse, Gerhard Dorfer und Traudl Gmeinböck, Foto Anrather, 1995

99 Am Rande: Unter den prominenten Eröffnungsgästen fand sich auch Peter Laux. Wer das ist? Er hat 20 Jahre lang die Pracht-Pferde der Stieglbrauerei mit dem Theaterkarren gelenkt. 66 (Salzburger Volkszeitung am 27. Juli 1995)

Nach so vielen Jahren der Organisation gibt es immer wieder etwas dazuzulernen. Am 8. August erhält die Kulturvereinigung einen Brief von dem Veranstalter des Wanderkinos Salzburg mit den Spieltagen in den Salzburger Gemeinden, um ein Zusammentreffen Kino/Straßentheater für das kommende Jahr 1996 vermeiden zu können.

Besuchermäßig hat man im Jubiläumsjahr an den langjährigen gewohnten Durchschnitt angeknüpft. 10.500 Zuschauer sehen Gerhard Dorfer, Traudl Gmeinböck, Peter Pikl und Elfriede Schüsseleder in 28 Aufführungen.

Dame Kobold, Leo Braune und
Georg Clementi, Foto Anrather, 1996

1996 ändert sich einiges im Umfeld der Aufführungen. Der Hauptsponsor wird verstärkt einbezogen. Die Stieglbrauerei beschriftet den Wagen auf der Rückseite unter anderem mit ihrem Logo. Außerdem wird die Generalprobe erstmals auf Wunsch der Stieglbrauerei auf deren Gelände öffentlich abgehalten. Heinz Erich Klier bittet außerdem um die Erlaubnis, die Proben im Lokhaus der Brauerei durchführen zu können. Die Halle des Wirtschaftshofes, in der im Jahr zuvor geprobt worden war, war tagsüber so laut, dass einige Proben bis in die Nacht hinein verzögert worden waren. In der Stieglbrauerei entspricht man der Bitte und bringt den Wagen auch während des restlichen Jahres auf dem Brauereigelände unter.

Was den Spielplan betrifft, wird abermals eine Bearbeitung von H.C. Artmann herangezogen: „Dame Kobold" von Calderón de la Barca. In der Krone vom 9. Juli 1996 heißt es dazu:

❞ Noch ein Geburtstagsgeschenk, diesmal theatralisch: Zum „75er" von H.C. Artmann spielt das Salzburger Straßentheater seine kongeniale Nachdichtung von Calderons „Dame Kobold". […] „Erstmals", sagt der Regisseur Klaus Gmeiner, „haben wir auf unserem Straßentheater-Wagen auch eine kleine Drehbühne, die der Ausstatter Bernd Dieter Müller gebaut hat." Noch eine interessante Konstellation: Der junge, am Landestheater verpflichtete Schauspieler und Musiker Georg Clementi wird die Bühnenmusik machen. Die „Dame Kobold"-Titelrolle spielt im übrigen Gabriele Schuchter. Also allerhand Erfolgszeichen. ❝

Dame Kobold, Georg Clementi, Leo Braune, Gabriele Schuchter, Foto Anrather, 1996

Nach der Premiere sieht man diese Erfolgszeichen bestätigt. So etwa schreibt Robert Wolf in seinem Artikel „Drehtüre zum Herzen" in der Salzburger Volkszeitung vom 22. Juli 1996:

99 Die flotte Regie von Klaus Gmeiner unterstützte der Ausstatter Bernd Dieter Müller durch eine Drehtüre. In den Nacht- und Nebelaktionen weiß niemand mehr, in welchem Zimmer er mit wem plötzlich zusammentrifft. Die junge Witwe, der nach spanischer Sitte eine Zeit der Enthaltsamkeit verordnet ist, geistert als Kobold durch das Haus ihres Vaters. Sie erhält und schreibt Briefe, fällt von einem Schrecken in den anderen, bis die Drehtüre den Weg freigibt, dass sich die Herzen finden. Entzückend das hastige Bemühen von Gabriele Schuchter als Dona Angela, ihre Trauerzeit zu verkürzen. […] Ein köstliches, kostenloses Theatervergnügen. 66

Auch die Zuschauer empfinden so. Immerhin 9400 Menschen kommen in die 29 Aufführungen, wieder wird an einem Tag sogar dreimal gespielt.

Der Diener zweier Herren, Georg Clementi als Truffaldino, Foto Anrather, 1997

99 „Über den Löffel balbieren" ist eine typisch Artmannsche Formulierung, und der Spruch „Teufel und Weib sind zwei Kuchen aus demselben Teig", wird einem auch in Erinnerung bleiben. Klaus Gmeiners Inszenierung trifft ins Schwarze, seine Darsteller sind zu erstaunlichem Temperament fähig. Gabriele Schuchter in der Titelrolle, Christine Hartenthaler als ihre Vertraute, Georg Clementi, Leo Braune, Markus Scarabäi und Gerhard Dorfer bilden ein durch und durch gewandtes und witziges Ensemble, dessen ausgelassene Spielfreude großes Vergnügen macht. Hat man schon einmal einen so ausgeprägten, sprachlich gewandten, schlauen und tölpelhaften, ängstlichen und liebenswerten Diener erlebt wie in dieser Aufführung?66 (Werner Thuswaldner, Salzburger Nachrichten, 20. Juli 1996)

1997 entsteht eine Inszenierung, die dem Salzburger Publikum Commedia dell'Arte vom Feinsten bietet. Zwar sehen leider – vielleicht auch aufgrund des schlechten Wetters – wieder nur rund 8500 Zuschauer in 28 Aufführungen Klaus Gmeiners gut durch-

Der Diener zweier Herren, Foto Anrather, 1997

dachte Bearbeitung von Goldonis „Diener zweier Herren". Aber das Ensemble weiß mit dieser Inszenierung voll Akrobatik und Komik vollends zu überzeugen. Im Jahr 2000 bricht das Straßentheater deshalb die „Frühere Verhältnisse"-Tradition, um den „Diener zweier Herren" zum Jubiläumsstück anlässlich des 30-jährigen Bestehens des Salzburger Straßentheaters zu machen.

1997 wird Georg Clementi, der im Jahr zuvor schon große Erfolge verbuchen konnte, von Klaus Gmeiner für die Titelrolle verpflichtet. Noch heute erinnern sich die Beteiligten an seinen Truffaldino, so etwa Heinz Erich Klier:

99 Auch der Georg Clementi als Truffaldino war toll. Der war der reinste Akrobat, man hat immer gefürchtet, er bricht sich den Hals bei den Verrenkungen. Er ist nicht nur bei den Kindern gut angekommen. Zwar hat er Knieschützer gehabt, aber trotzdem – der hat sich da hingeschmissen. [...] Wir haben es ja auch noch mal gespielt, weil es so gut angekommen ist!66

Der Diener zweier Herren, Foto privat, 1997

Auch die Presse weiß den Einsatz des Ensembles zu würdigen:

❯❯ Das Erstaunlichste am Salzburger Straßentheater ist, dass es Jahr für Jahr gelingt, einen Text zu finden, der es erlaubt, auf der winzigen Bühne des Thespiskarrens die allerärgsten Turbulenzen zu erzeugen. Es wird ja nicht bloß die kleine Spielfläche genützt, die wendigen Spieler klettern die Wände hoch und beziehen auch das Dach ins Spektakel ein. Der ganze Theaterwagen, den Bernd Dieter Müller so gestaltet hat, dass er geballte Komödiantik verheißt, verfügt über eine Menge Türen, die in einem fort auf- und zugestoßen werden, und gibt obendrein eine Impression von Venedig, dem Schauplatz der verzwickten Handlung ❯❯, **schreibt Werner Thuswaldner in den Salzburger Nachrichten vom 19. Juli 1997.**

❯❯ Goldonis fulminante Komödie „Der Diener zweier Herren" steht heuer auf dem Spielplan des Salzburger Straßentheaters. Der unbändige Spaß geht einem zwar bei diesem Katastrophenwetter nur halb so stark unter die Haut, dennoch ist es eine wunderbar

Unverhofft, Foto Anrather, 1998

vergnügliche Aufführung geworden, die Klaus Gmeiner flott inszenierte und in der sich das junge Team mit Esther Filges und Georg Clementi, Alexandra Krismer und den erfahrenen Thespiskarren-Spielern Leo Braune und Gerhard Dorfer mit aller Lust und Leidenschaft den kapitalen Verwicklungen hingibt❞, **lobt die Krone am 20. Juli 1997.**

1998 gibt es wieder Nestroy am Thespiskarren. „Unverhofft" steht auf dem Programm mit Gästen des Theaters in der Josefstadt: Christian Futterknecht, Sylvia Eisenberger und Elfriede Ramhapp. Wieder rund 9500 Zuschauer kommen zu den insgesamt 29 Aufführungen.

Die immer wieder auch in den Zeitungen aufgegriffene finanzielle Debatte hält an. Neben Subventionen von Bund, Land und Stadt ist es nur mithilfe der Gemeindebeiträge, privaten Unterstützern und der Spendengeldern möglich, die Durchführung zu sichern. Die Finanzierung bleibt in jedem Jahr der wunde Punkt dieses traditionellen Theaterunternehmens.

Die inhaltliche Bedeutung und Qualität des Straßentheaters wird aber von seinem Publikum und auch von der Presse nicht infrage gestellt.

❞ Regisseur Klaus Gmeiner weiß genau, was unter manchmal gar nicht einfachen Freiluftbedingungen, in Rauris, Reichenhall oder auf einem Platz in der Stadt am besten ankommt. Es geht darum, mit einfachsten Mitteln größte Wirksamkeit zu erzielen. Der von Bernd Dieter Müller schwungvoll entworfene Bühnenaufbau für den Thespiskarren erfüllt diese Bedingung hundertprozentig. Was sich auf der winzigen Spielfläche alles machen lässt, ist immer wieder erstaunlich. Es kann sogar vermittelt werden, dass sich in der Nähe des Schauplatzes eine Hutfabrik befindet, in der eine Menge hübscher Näherinnen beschäftigt ist. Natürlich sorgen vor allem die Schauspieler für derart intensive Illusion ❝, schwärmt man etwa in den Salzburger Nachrichten am 25. Juli 1998.

Auch in nachbarschaftlichen Gefilden, im Bayrischen, erfreut sich das Straßentheater besonderer Beliebtheit. Das Reichenhaller Tagblatt berichtet am 4. August nach der dort stattgefundenen Aufführung:

❞ Schon eine Stunde vor dem angesagten abendlichen Beginn des Straßentheater-Gastspiels waren die ersten der aufgestellten Bänke besetzt von Theaterfreunden, die die Aufführung unter freiem Himmel möglichst vom besten Platz aus verfolgen wollten. Immer mehr Zuschauer kamen und setzten sich auf die bereitgestellten Bänke, aber auch auf die Stufen des Rathauses und auf mitgebrachte Sitzgelegenheiten. Die spät Kommenden mussten dann schon mit einem Stehplatz vorliebnehmen. Dicht gedrängt scharte sich das Publikum um den Theaterwagen, auf dem sich bald Amüsantes abspielen sollte. ❝

Mit seiner 15. Inszenierung versteht es Klaus Gmeiner, das Straßentheater-Publikum zu überraschen. Wer hätte mit William Shakespeare auf dem fahrenden Theaterwagen gerechnet? Des-

Die Komödie der Irrungen, Foto Anrather, 1999

sen erstes Werk, die „Komödie der Irrungen" steht auf dem Spielplan von 1999. In den Doppelrollen der Zwillingspaare brillieren in der Bearbeitung von Klaus Gmeiner Gerhard Peilstein und Martin Leutgeb.

💬 Das Publikum des Straßentheaters erwartet jedes Jahr ein neues Stück. Von den Dichtern der Vergangenheit haben aber nur ganz wenige Stücke geschrieben, die sich für die Aufführung auf der Straße eignen. Regisseur Klaus Gmeiner wurde noch nie verlegen und fand noch für jeden Sommer einen zündenden Stoff, der bei entsprechender Präsentation unter freiem Himmel Effekt macht. Diesmal ist es „Die Komödie der Irrungen" von Shakespeare, die Anlaß zu reinem Vergnügen gibt. [...] Die haarsträubende Geschichte geht mit Tempo und Temperament über die Bühne, die Bernd Dieter Müller als ein praktisch aufklappbares Leporello gestaltet hat. Die Menschen sind fast ständig aufs Höchste erregt. Gerhard Peilstein als Herr und Martin Leutgeb als gerissener Diener verausgaben sich selbstlos. Beide spielen sie mit Hingabe jeweils Doppelrollen. Es wäre zu wünschen, dass sie auch die doppelte Gage dafür bekommen. [...] Es ist leicht, der Aufführungsserie des Straßentheaters auch diesmal einen großen Erfolg zu prophezeien❞, ist man sich bei den Salzburger Nachrichten sicher.

Und er stellt sich auch ein, der Erfolg. 10.000 Besucher kommen in die 29 Aufführungen, an einem Tag wird wieder dreimal gespielt.
 Ein Leserbrief in den Salzburger Nachrichten vom 30. August 1999 bestärkt das Team des Straßentheaters in seiner Arbeit:

❝ Ein Bravo fürs Straßentheater. Es ist diesmal, wie ja fast immer, eine glänzende Aufführung. Die Schauspieler agieren mit Esprit und Spielfreude und nicht nur ich, sondern viele Menschen um mich herum hatten frohe Gesichter und lachten sehr. Sie hatten Freude daran. Hoffentlich sehen recht viele Besucher dieser Stadt diese Aufführung, damit bekannt wird, was österreichisches Theater ist, im Gegensatz zu so mancher anderen Produktion! Vielen Dank!❞

Der Diener zweier Herren, Foto Anrather, 2000

Der Diener zweier Herren, Foto Anrather, 2000

Das Salzburger Straßentheater
4. Dekade (2000–2010)

Dreißig Jahre Salzburger Straßentheater gibt es im Millenniumsjahr 2000 zu feiern. Wer hätte auf diesen Erfolg gewettet? Klaus Gmeiner entschließt sich diesmal, als Jubiläumsprogramm den „Diener zweier Herren" – das Erfolgsprogramm von 1997 – wieder aufzunehmen. Die Premiere findet wie schon üblich beim Hauptsponsor, der Stieglbrauerei, auf deren Gelände statt. Erstmals seit Jahren gibt es auch wieder ein Pressegespräch – am 6. Juni 2000.

Der Artikel „Wunderbarer Sprachsalat" in den Salzburger Nachrichten vom 22. Juli 2000 macht Lust auf einen Theaterbesuch:

99 Goldonis „Diener zweier Herren" hatte schon vor zwei Jahren auf der winzigen Bühne des Straßentheaters Effekt gemacht. Jetzt erscheint Klaus Gmeiners Inszenierung noch turbulenter zu sein, und ganz besonders fällt die sprachliche Fassung auf: der quirlige Georg Clementi als Truffaldino legt mit seiner artistischen Bewegungen nicht nur eine zirkusreife Leistung hin, er ist auch ein Sprachakrobat. Viele Passagen sind im Italienischen verblieben. Die Verständlichkeit leidet darunter kein bisschen. Zum Theatervergnügen kommt, dass einen auch noch ein Hauch Urlaubsstimmung anweht. Clementi wechselt vom Italienischen blitzschnell ins Hochdeutsche, und wenn die Situation für ihn zu brenzlig wird, flüchtet er sich sogar kurz in den breiten Dialekt. [...] Die Schwingtüren auf der von Bernd Dieter Müller entworfenen Bühne kommen kaum zur Ruhe, bis sich zuletzt die Verwirrungen [...] klären. 66

Sogar im Asfalter (jetzt Apropos) – Salzburgs Obdachlosenzeitung – findet sich ein ganzseitiger Artikel von Roland Tischler über das erfolgreiche Theaterunternehmen, in dem auf die Geschichte eingegangen und für die Jubiläumsvorstellungen geworben wird. Das Straßentheater bietet eben wirklich Kunstgenuss für jedermann.

In der Salzburger Krone steht am 6. Juli 2000 unter dem Titel „Truffaldino als Jubiläums-Trumpf":

❞ Gründe zum Feiern gibt es genug: Sei 1970 spielte das von der Salzburger Kulturvereinigung organisierte Straßentheater 710 Vorstellungen und erfreute damit 400.000 Besucher. Klaus Gmeiner nennt es „sein Kind", ohne den Gründer Oscar Fritz Schuh damit verdrängen zu wollen. Es hängt mit dem Spielen auf der Straße zusammen: direktes, pures Theater, bei dem jede Minute um die Publikumsgunst gebuhlt werden muß. Die Zuschauer sind nicht artig, brav und still. Nein, sie sind launisch und lassen sich, sinken Spannung und Spaß, schnell ablenken. Da braucht es viel Kraft, wie für „ein Kind" halt. Mit Goldonis „Diener zweier Herren" feierten Klaus Gmeiner und sein Ensemble 1997 Triumphe, heuer gibt es aber eine vollkommen neue Fassung mit neuem Ensemble. Nur Georg Clementi ist als fulminanter „Truffaldino" wieder dabei.❝

9800 Besucher geben dem liebgewordenen Theaterunternehmen in insgesamt 29 Aufführungen im Jubiläumsjahr die Ehre.

2001 kehrt Gmeiner zum „Leibautor" in Salzburg zurück. Zu dessen 200. Geburtstag spielt man diesmal wieder Johann Nestroy. Seine „Verwickelte Geschichte" hat am 21. Juli in Stiegls Brauwelt Premiere – einem sehr authentischen Spielort, handelt es sich dabei doch um die Geschichte eines Brauereibesitzers, der um sein Mündel buhlt. Auch die Presse, wie etwa die Salzburger Nachrichten, greift diese Tatsache auf:

❞ Der Sponsor des Salzburger Straßentheaters, die Stieglbrauerei, kann sich freuen. Die Nestroy-Posse „Eine verwickelte Geschichte" erscheint wie das Auftragswerk einer Brauerei. Schon zum siebenten Mal in der Geschichte des Straßentheaters steht Nestroy auf dem Programm, und diesmal, im Jahr seines 200. Geburtstages, nur zu Recht. Die Posse hat alle Zutaten, die der ausgefuchste Theaterhase seinen Werken beizugeben pflegte: vor allem Sprachwitz

Eine verwickelte Geschichte, Foto Anrather, 2001

und gute Rollen. Wohl griff Regisseur Klaus Gmeiner ein und vereinfachte die Geschichte für eine zugkräftige Darbietung auf dem Thespiskarren, aber es bleibt an Verwicklungen um den Architekten aus Rom, der die schöne Pauline liebt, noch genug übrig.❞

Maskenbildnerin Maria Gradl erinnert sich an eine Panne bei dieser Inszenierung:

❝ In Elixhausen mussten wir drinnen spielen, hatten aber für draußen hergerichtet. Erst in letzter Sekunde wurde alles reingeräumt. In Elixhausen kannst du, wenn du mal hinter der Bühne bist, nicht mehr raus – nur über die Bühne. Ich steh so hinter der Bühne und schau zu und auf einmal fällt mir ein, dass ich die Haarteile draußen vergessen hab. Die Inge Rassaerts hatte so Lockenteile auf der Seite. In der Eile bin ich zum Nähkasterl von Hilde Dicker gelaufen, hab mir ein weißes Band rausgefischt – sie hat sich gar nicht ausgekannt, hab lauter Mascherl reingebunden, hab der Inge eigene Haare rausgezupft, die Mascherl reingesteckt – es hat kein

Helden, Foto Killer, 2002

Mensch gemerkt. Improvisieren und schnell reagieren ist das Wichtigste, wenn man unterwegs ist. Im Theater geh ich in die Maske und hol mir Ersatz.❞

Eine erfreuliche Entwicklung ist der Besucherzuwachs in diesem Jahr. 11.800 Besucher kommen zu den 28 Aufführungen.

Im Jahr 2002 beweist Klaus Gmeiner mit seiner Stückwahl „Helden" von George Bernard Shaw Mut, aber auch genaue Kenntnis seines Publikums.

❝ Das hat eher nichts mit dem Straßentheater zu tun, sondern mit mir als Dramaturgen. Ich kann nicht verstehen, dass man Shaw fast vergisst, er wird ja praktisch kaum noch gespielt. Und dann auch bei der Besetzung: Ich hab meiner Meinung nach, und das hat sich ja auch bestätigt, einen idealen Bluntschli gehabt, einen Mann, der seit zehn Jahren dabei war und immer die undankbareren Rollen gespielt hat – die natürlich auch gespielt wer-

Helden, Vivien Löschner und Leo Braune, Foto Killer, 2002

den müssen – wie die Liebhaber, und der verdient hat, dass man einmal ein Stück sucht, wo er im Mittelpunkt ist. Das war mit der Grund, und die Rechnung ist voll aufgegangen. Dann ein Stück mit einem intelligenten Dialog, den jeder sucht, mit relativ wenig Situationskomik; aber mir ist es in der Inszenierung und Bearbeitung doch gelungen, diese Situationskomik so rauszuarbeiten, dass es ein Lachfest wurde. Das ist natürlich schon schön, Risiken einzugehen, die dann auch aufgehen. Das Medienecho war so groß wie schon lange nicht mehr, jeder war neugierig, wie Shaw am Straßentheater wirkt. So groß das Risiko auch war, so groß war auch das Interesse daran. Es war ja die Premiere eher ein Misserfolg, es wurde wenig gelacht und nur höflich applaudiert. Da hab ich mir gedacht: Ja, da hast Du Dich vergriffen. Und dann nach der dritten Vorstellung in Freilassing habe ich doch gemerkt, dass es ankommt – so ein Echo!❞

Mit dem feinen Dialogstück „Helden" feiert nicht nur Leo Braune als Bluntschli Riesenerfolge, es ist auch diesmal wieder der

Beweis erbracht, dass nicht nur laute und derbe Späße am Straßentheater Erfolgsgaranten sein können. Und doch war auch für den bereits erfahrenen „Straßentheaterhasen" Leo Braune diese Produktion überraschend und etwas ganz Besonderes:

❱❱ Ich kann eine Kunstfigur in einem Kunstraum besser kreieren. Aber gerade hier bei den „Helden" fiel mir auf, dass bei den gut laufenden Vorstellungen, und das waren ja doch einige, sich die Natur plötzlich schließt zu einem Raum. Und dass du eins wirst mit den Leuten, so in einer Blase, das habe ich hier so stark gespürt wie sonst selten mit einem anderen Stück, ob das nun Nestroy war oder die Commedia dell'Arte-Stücke. Vielleicht liegt es auch an der Konzentration der Leute, die dabei nicht so gefordert wird wie hier bei dem Shaw. Dabei habe ich anfangs noch zum Gmeiner gesagt: Ich kann es mir nicht auf der Gasse vorstellen. Und ich muss sagen, jetzt nach der letzten Aufführung, es ging auf, die Rechnung ging auf. Die Leute haben es sehr angenommen, und gingen bei diesem absoluten Dialogstückstoff sehr mit. Das war verblüffend und da hat sich herausgestellt, dass du in einem guten Moment fast eine Theatersituation auf der Straße kreieren kannst. Das ist toll, im Theater bist du immer schon dort, hier musst du dir das erst erkämpfen und erarbeiten. ❰❰

Das Medieninteresse bei Ankündigung des Spielplans ist zwar so stark wie schon lange nicht mehr, die während der Produktion veröffentlichten Artikel sind aber leider nicht mehr so zahlreich. Dennoch: Wer schreibt, ist begeistert.

❱❱ Das Salzburger Straßentheater spielt Shaws „Helden". Bluntschli (Leo Braune) befindet sich, wie man sieht, im Balkankrieg auf der Flucht. Gleich wird er im Schlafzimmer der höheren Tochter Raina Petkoff landen. In dieser Rolle ist die junge Vivien Löschner zu sehen, der auf Grund ihrer Bühnenpräsenz eine gute Zukunft vorauszusagen ist. Das ganze Ensemble ist in Klaus Gmeiners Inszenierung zum Vergnügen des Publikums mit Elan bei der Sache. ❰❰
(Salzburger Nachrichten, 30. Juli 2002)

Kutscher Herbert Schröder, Foto privat, 2002

Aber auch für die hier gelobte Vivien Löschner war das Straßentheater ein Lernprozess. Die Rolle der Raina war für sie die erste Freilufttheatererfahrung. Im zweiten Jahr konnte sie das Spielen am Wagen besser einschätzen.

💬 Wenn ich spiele, bin ich so drinnen, ich hab nicht so Konzentrations-Schwierigkeiten – wenn der Partner mitmacht – den brauche ich dazu. Aber wenn das stimmt, dann kann daneben sehr viel passieren und ich würde es sehr spät merken. Vielleicht merke ich es schon, aber dass es mich abhält von dem, was ich machen will, das dauert bei mir schon länger als bei anderen Kollegen. Es gab ein paar Vorstellungen, wo ich so verärgert war, aber das immer dann, wenn mein Partner ausgestiegen ist, wenn er mich nicht mehr anschaut und ich in seinen Augen sehe, dass er eigentlich nur überlegt, ob er die Szene abbricht oder nicht – da bin ich auch verloren.

Aber prinzipiell stört mich das alles nicht, ich mag das Straßentheater sehr gern. Erstens hab ich ein sehr lautes Organ und komme über relativ viel drüber und zweitens bin ich da in der an-

Die Schule der Frauen, Foto Laminger, 2003

deren Welt, dass ich da nicht so schnell wieder rausgezogen werde. Irgendwann hör ich das Baby einfach nicht mehr oder den Kies.❞

Apropos Geräusche: Für den Kutscher bedeutet diese Produktion eine ganz besondere Herausforderung. Zu Beginn, als Bluntschli vor den feindlichen Soldaten flüchtet, fallen einige Schüsse. Ihre Anzahl wird bei den Vorstellungen, bei denen die Pferde dabei sind, reduziert und der Kutscher bekommt davor ein Zeichen, damit er die Pferde fester im Griff hält. Die Pferde scheuen nicht, dafür erschrecken die Kinder im Publikum.

10.200 Besucher verfolgen in 29 Vorstellungen die amourösen und kriegerischen Verwicklungen im Haus des bulgarischen Majors Petkoff.

❞ Regisseur Klaus Gmeiner bereichert diesen Sommer das Repertoire des Salzburger Straßentheaters auf ganz schön kühne Weise.

[...] Viel länger als eine Stunde darf eine Aufführung nicht dauern, darum bedurfte es der klugen Verknappung. Die ist geglückt.

Horst Eder und Mathias Kahler-Polagnoli in **Die Schule der Frauen,** Foto privat, 2003

Und die nicht mindere Kunst besteht darin, jedes mal einen Wagenaufbau zu erfinden, der alle geforderten Schauplätze vereint. Diese Aufgabe löst Bernd Dieter Müller auch diesmal bravourös. [...] Bleibt zu sagen, dass das Ensemble mit Hingabe bei der Sache ist und das Publikum mit handfestem Volkstheater unterhält.❞
(„Von der Liebe und vom Krieg" in den Salzburger Nachrichten, 27. Juli 2002)

Finanziell gesehen wird dem Straßentheater 2003 ein großes Glück zu Teil: Erstmals wird es in diesem Jahr vom amerikanischen Kunstmäzen Donald Kahn gefördert.

Und der Erfolg hält an, das Publikum bleibt treu. 2003 werden wieder rund 10.200 Besucher in 29 Aufführungen gezählt. Dabei stand man der gebundenen Sprache in Molières „Schule der Frauen" bei den Organisatoren skeptisch gegenüber. Würde es gelingen, mit diesem Versmaß allen Umwelteinflüssen zum Trotz zum Publikum durchzudringen und es zu halten? Auch hier behält Klaus Gmeiner recht. Und die Schauspieler sind seiner Meinung.

Vorstellung vor dem Schloss Hellbrunn, Foto privat, 2003

💬 Ich halte fast alles bei Molière tauglich für diese Art von Theater. Weil die Figuren, die er verwendet, so klar gezeichnet sind und weil du nichts verlierst, auch wenn du sie in sehr großer Form ausspielst. Bei manchen Stücken, wenn das ein Konversationsstück ist, verlierst du schon die Intimität, die Nähe, im Gegensatz zu den Stücken, wo man die Commedia dell'Arte, den Thespiskarren, den Kasperl, das ganze Figurenkabinett des ursprünglichen Straßentheaters noch durchspürt 💬, zeigt sich etwa Mathias Kahler-Polagnoli überzeugt, der in diesem Jahr sein erfolgreiches Straßentheater-Debüt als Horaz gibt.

Das Publikum ist begeistert und beobachtet mit Schadenfreude den in Liebesdingen unglücklichen Arnulf, der es allen Intrigen zum Trotz nicht verhindern kann, dass der junge Horaz und nicht er selbst das Herz seines Mündels Agnes erobert. Auch die Presse spendet großzügig Applaus, wie etwa die Salzburger Nachrichten am 30. Juli 2003:

In der „Maske" backstage, Foto privat, 2003

💬 Horaz (Mathias Kahler) erzählt dem reichen Privatier Arnulf (Horst Eder), dass er gerade dabei ist, einem verstockten Alten dessen Mündel (Vivien Löschner) abspenstig zu machen. Horaz weiß nicht, dass es genau dieser Arnulf ist, dem er sich anvertraut.

[...] Molières „Schule der Frauen" steht, inszeniert von Klaus Gmeiner, der eine eigene Fassung erarbeitet hat, auf dem Spielplan des Salzburger Straßentheaters. Das Spiel, an dem auch Vera Schweiger (Nachbarin), Thomas Landl (Oront) und Andrea Tiziani (Bedienter) beteiligt sind, hat Witz und Tempo, es ist ein idealer Fall für die vazierende Bühne.💬

Für Klaus Gmeiner geht ein lang gehegter Wunsch in Erfüllung. Das Straßentheater gastiert erstmals vor dem Schloss Hellbrunn. Die Kulisse ist prachtvoll, allerdings ist der Lärmpegel aufgrund des Kieses extrem hoch. Und auch der Wettergott meint es nicht gut. Das Stück muss in der Hälfte wegen eines Gewitters abgebrochen werden. Da man aber dennoch vom neuen Spielort überzeugt ist, wird für die kommenden Jahre ein Platz im weitläufigen Park gesucht und gefunden.

Die Faszination des Straßentheaters funktioniert auch in diesem Jahr. Allerorts scheint man sich seiner Bedeutung im Klaren zu sein.

💬 Was vom unvergessenen Regisseur Oscar Fritz Schuh vor über 30 Jahren begonnen wurde, führt der kulturelle Tausendsassa Klaus Gmeiner nun bereits seit fast zwei Jahrzehnten Jahr für Jahr zu neuen Erfolgen. Das Salzburger Straßentheater rollt wieder durch das Land. [...] Jedes Jahr ist eine alte Dame gekommen. Auf einem Tablett eine Thermoskanne mit Kaffee und einen kleinen Marmorkuchen. „Weil es so schön ist, dass ihr zu uns kommt!", schwärmte sie über den Besuch des Salzburger Straßentheaters im Lehener Park. Klaus Gmeiner und seine fahrende Schauspielertruppe sind wieder unterwegs. „Seit 19 Jahren leite ich jetzt das Straßentheater, auch so mancher Schauspieler war schon unzählige Male dabei. So kennen wir viele unserer Stammbesucher", sagt der ehemalige Leiter der ORF Literatur- und Hörspielabteilung, Theaterregisseur, Organisator und Seele des Theaters. Das Erfolgsgeheimnis des Salzburger Straßentheaters ist die Nähe zum Publikum. [...] Unsere Truppe besteht durchwegs aus Theaterprofis. Sie werden gut bezahlt. Doch reich werden sie dadurch nicht", sagt Gmeiner, „es ist mehr die Liebe zu einer besonderen Form des Theaters, welche uns alle begeistert!" [...] „Klaus Gmeiner garantiert für die hohe künstlerische Qualität, das Publikum honoriert mit viel Applaus, die Landesregierung bedankt sich und finanziert begeistert mit", sagt Landesrat Othmar Raus. Besonders die Menschen am Land freuen sich, dass die Kultur zu ihnen kommt,❞ weiß man im Wochenmagazin „Panorama" am 10. August 2003 zu berichten.

Selbiger Landesrat überreicht Klaus Gmeiner nach der Premiere als Anerkennung für dessen Einsatz beim Salzburger Straßentheater den Ehrenbecher der Stadt.

Bei einer Wanderbühne muss man sich offenbar immer wieder auf ausgefallene Situationen einstellen und flexibel sein. Jede Vorstellung läuft eigentlich immer streng nach Regieanweisung ab, nur in Notfällen wird improvisiert. Manchmal aber kann sich das Ensemble nur so retten. In Altenmarkt zum Beispiel läutet der Pfarrer 2003 mitten in der Aufführung während des heißblütigen Liebesliedes für Agnes zur Abendmesse – und zwar ausgiebig. Fünf Minuten lang muss Mathias Kahler-Polagnoli als Horaz improvisieren. Das Publikum reagiert auf sein stummes Spiel, in dem er immer wieder scheinbar versucht, gegen die Glocken anzusingen, mit kräftigem Sonderapplaus. Trotzdem wurde in den darauffolgenden Jahren weder der Beginn der Vorstellung noch der des Glockengeläutes verändert. So entstand neben dem Stück am Wagen auch ein Spiel zwischen Bürgermeister und Pfarrer – und ein „running gag" für das Publikum.

Die Schauspieler dürfen außerdem nicht zimperlich sein, wenn es darum geht, sich hinter der Bühne beim Bus umzuziehen oder fertig schminken zu lassen. Maskenbildnerin Maria Gradl erzählt von einer Abend-Vorstellung, die nichts für schwache Nerven gewesen wäre.

99 In Wals waren wir fertig, als es mittlerweile finster war. Hilde (Anmerkung: die Garderobiere Hilde Dicker) und ich sind in die Leichenhalle gegangen und haben den Lichtschalter gesucht. Im Eck hat die Hilde eine Reihe von Schaltern gefunden und alle ausprobiert. Dabei war einer davon der Schalter für die Glocken. Und wir haben erst gar nicht gemerkt, dass wir das waren. Ich hab mir nur gedacht: Die Trottel läuten um halb zehn am Abend für die Kirche zusammen! Auf einmal ist der Pfarrer im Laufschritt angelaufen gekommen. Überhaupt war das Ganze mit der Leichenhalle das i-Tüpfelchen. Ich hab schon überall geschminkt, aber in einer Leichenhalle ist schon das Makaberste. 66

Solche Begebenheiten bleiben vom Publikum und der Presse natürlich weitgehend unbemerkt. Wer denkt schon daran, dass sich die Schauspieler in der sich hinter dem Wagen befindlichen Leichenhalle umziehen müssen?

Hauptsache, was die programmlichen Überlegungen angeht, läuft alles nach Plan. Regisseur Klaus Gmeiner erklärt dazu:

99 Ich habe gefunden, eigentlich müsste man am Straßentheater ein bisserl Literatur bringen, für viele in einigen Gemeinden, in die wir kommen, ist es die einzige Berührung mit Theater, warum sollte man es also nicht machen? Und schnell habe ich gemerkt, dass die Leute das auch wollen. Es war am Anfang zwar eine gewisse

Das Glas Wasser, Olivia Silhavy und Leo Braune, Foto privat, 2004

Skepsis, das ging sogar so weit, dass unser Produktionsfahrer zu mir gesagt hat: „Gell, Herr Gmeiner, nächstes Jahr spiel' ma wieder was Gescheites!", aber ich habe gemerkt, dass das Publikum das annimmt.❞

Für 2004 sucht Klaus Gmeiner deshalb abermals ein Konversationsstück für den Spielplan aus. Eugène Scribe hat mit „Ein Glas Wasser" ein sehr feinsinniges, humorvolles Stück über die leicht manipulierbare englische Königin Anna geschrieben. Dem Erfolgsteam Gmeiner/Müller gelingt es, den englischen Hof auf dem Wagen glaubhaft in Szene zu setzen. 9600 Besucher bei 29 Vorstellungen zeigen sich begeistert, ebenso wie die Presse. Auch das Internet hat das Straßentheater entdeckt. So steht etwa auf der Plattform „DrehPunktKultur Salzburg" im Artikel „Staats- und Liebesangelegenheiten" von Marie-Thérèse Mastnak:

Produktionsassistent Stefan Seidler und Mathias Kahler-Polagnoli, Foto privat, 2004

❞ Eine Menschentraube sitzt oder steht um den Karren. [...] Das Publikum: bunt gemischt und herzlich ungezwungen, Kinder in Begleitung von Großeltern und Müsliriegeln, ein paar freche Tauben, junge Touristen, Pensionisten und zwei Kutschenrösser von Stiegl, die mit ihrem „Hufballett" die Wartezeit verkürzen. Um viertel nach fünf hört man die erste Degenstreiche. Es beginnt. In diesem Moment verwandelt sich der bunte Haufen vor der Bühne augenblicklich in ein perfektes, ruhiges und aufmerksames Publikum [...]

Leo Braune, der den heruntergekommenen Edelmann gibt, hat die dankbarste Rolle. Er witzelt sich durch und unterhält mit so dezent eingeflochtenen Bösartigkeiten, dass selbst der größte Griesgram schmunzeln muss. Regisseur Klaus Gmeiner hält seine Darsteller – neben Braune noch Vivien Löschner, Olivia Silhavy, Katharina Winkler und Mathias Kahler – beständig in Schwung. Die Leistung der Darsteller wurde am Ende mit tosendem Beifall belohnt.❞

Die Salzburger Nachrichten drucken am 2. August 2004 einen Stimmungsbericht über eine typische Vorstellung am Straßentheater:

99 Lachende Gesichter, winkende Hände: Der Pferdewagen des Salzburger Straßentheaters ist wieder unterwegs. Auf dem Bock neben Kutscher Herbert sitzen die Schauspielerinnen Vivien Löschner und Katharina Winkler – schon im Kostüm und geschminkt – und grüßen die Passanten. Die grüßen freundlich zurück, und manch ein staunender Kinderblick heftet sich an sie. Die Nähe zum Publikum ist es, was das Straßentheater seit 34 Jahren beliebt macht. Im Hof des Schlosses Mirabell warteten am Freitagnachmittag bereits einige hundert Menschen auf den von zwei gescheckten Hengsten gezogenen Wagen. Die Rösser – bei zehn der Auftritte dabei und sonst von einem Traktor ersetzt – warten derweil brav in ihrem Geschirr. Die Zuschauer sitzen und stehen dicht zum Karren, die Fechtszene zu Beginn muss kurzfristig umchoreographiert werden. „Improvisation ist alles", erläutert Klaus Gmeiner, der heuer zum zwanzigsten Mal Regie geführt hat.

Die Vorstellung fängt an, und ein kleiner Junge schreit vor Schreck, als die Männer mit dem Degen an ihm vorbeilaufen. Derweil steht Vivien Löschner, die die Königin in Eugène Scribes „Das Glas Wasser" spielt, noch im Durchgang zum Mirabellgarten und raucht eine Zigarette beim Blick ins Textbuch. Nervös ist sie nicht mehr. „Ich lese mit, um die Spannung der Szene in mein eigenes Spiel von Beginn an zu übernehmen." Auf einem Tischchen hinter dem Karren liegen Requisiten bereit: Bücher, Briefe, ein Silber-Tablett, daneben Kleenextücher und eine Wasserflasche. Heiß ist es heute. Frau Dicker, früher beim Salzburger Landestheater, betreut mit ihrer Schwester die Kostüme und sie weiß um die Probleme bei großer Hitze. „Eine zweite Garnitur gibt es nicht" nur die Hemden gebe es doppelt. Das bedeutet jeden Abend Waschen und Reinigen der Kleider. Richtige Garderoben haben die Schauspieler nicht; vorigen Freitag waren es am Nachmittag das Stiegenhaus II des Magistrates und am Abend die Aufbahrungshalle bei der Kirche von Wals. 66

Das Glas Wasser, Park von Schloss Hellbrunn, Foto privat, 2004

In der Salzburger Volkszeitung vom 31. Juli 2004 zeigt man sich vor allem vom Ensemble begeistert.

❯❯ Klaus Gmeiners Inszenierung der leichten Komödie „Das Glas Wasser oder: Kleine Ursachen – große Wirkungen" von Eugène Scribe ist schwunghaft, ohne Leerläufe, professionell-konventionell, die Schauspieler sehen sich dennoch bei jeder der Freiluft-Aufführungen immer dem Ungewissen eines Experiments gegenüber. Die Aufmerksamkeit der Zuseher stets im Zentrum zu halten, kostet doppelte Mühe. Die Akteure lassen sich diese nicht anmerken. Die Typenbesetzung ist (wieder einmal) ganz hervorragend. Leo Braune (Graf von Bolingbroke) steht als unwiderstehlicher Charmeur der intriganten Herzogin von Marlborough (Olivia Silhavy) gegenüber, wie harmlose Klone nach Art eines Kardinal Richelieu oder einer Lady Milford, die die kindlich-naive Königin von England (Vivien Löschner) nach Belieben gängelt. Weitere Marionetten sind die nicht minder entzückende Abigail (Katharina Winkler) und der stutzerhafte Masham (Mathias Kahler). Mehrere Handlungs-

Klaus Gmeiner mit seinem Ensemble und Peter Simonischek, Foto Neumayr, 2005

stränge um Einfluss, Macht, Geld und Liebe sind zu einem nicht ganz unkomplizierten, aber immer verständlichen kunstvollen Teppich gewoben, dessen Knoten oft durch mehr oder minder große glückliche Wendungen gebildet und gelöst werden.❞

2005 wird Klaus Gmeiner von der Zeitung „Salzburg Fenster" unter die hundert herausragendsten Salzburger und Salzburgerinnen des Jahres gewählt. In der Begründung heißt es:

❝ Der Regisseur und Drehbuchautor aus Salzburg leistet seit mehr als 50 Jahren ausgezeichnete künstlerische, lehrende und schöpferische Arbeit. Zur Festspielzeit erlangte er mit dem Straßentheater landesweit Berühmtheit.❞

Diese Ehrung kommt im richtigen Jahr. Denn 2005 gibt es 35 Jahre Salzburger Straßentheater zu feiern und Gmeiner begeht sein 20-jähriges Jubiläum als dessen künstlerischer Leiter und Regisseur. Erstmals seit Langem gibt es zu diesem Doppeljubiläum am 5. Juli eine Pressekonferenz in der Georg Trakl Forschungs- und Gedenkstätte. Und im romanischen Keller der Hypobank am Waagplatz findet eine Ausstellung über den Gründer des Straßentheaters Oscar Fritz Schuh statt.

Klaus Gmeiner begeht das Jubiläumsjahr mit Johann Nestroys Klassiker „Das Mädl aus der Vorstadt". Wieder gelingt es ihm, aus einem abendfüllenden Stück mit großer Besetzung eine kluge Fassung für lediglich sieben Schauspieler zu erarbeiten.

Zur Generalprobe hat sich prominenter Besuch angesagt. „Jedermann" Peter Simonischek gehört zum ersten begeisterten Publikum des diesjährigen Straßentheaterstücks.

Der Plan einer ORF-Fernsehaufzeichnung wird zwar nicht verwirklicht, aber es gelingt, „Das Mädl aus der Vorstadt" für die Nachwelt mittels eines privaten Kamerateams aufzuzeichnen.

❝ Zuletzt war „Das Mädl aus der Vorstadt" in einem Salzburger Sommer im Jahr 1990 zu sehen. […] Aber in solcher Rivalität zu

Das Ensemble von **Der tolle Tag** vor dem Wagen, Foto Neumayr, 2006

bestehen, ist nicht unbedingt nötig, bedenkt man, was Johann Nestroy selbst davon gehalten hat, im Theater nur das Höchste anzustreben: „Bis zum Lorbeer versteig ich mich nicht. G'fallen sollen meine Sachen, unterhalten, lachen sollen die Leut', und mir soll die G'schicht a Geld tragen, dass ich auch lach', das ist der ganze Zweck" 66, schreiben die Salzburger Nachrichten am 23. Juli 2005.

2006 wird in Salzburg das Mozartjahr eingeläutet. Auch das Salzburger Straßentheater zollt dem Genius Loci Respekt und spielt Beaumarchais' „Der tolle Tag". Dieses Stück diente als Vorlage für Mozarts „Die Hochzeit des Figaro". Im Team gibt es in diesem Jahr eine Änderung. Hilde Dicker übergibt die Kostümbetreuung an Peter Denifl vom Salzburger Landestheater und geht in den wohlverdienten Ruhestand.

Auf der Internetplattform DrehPunktKultur steht am 25. Juli 2006 zur diesjährigen Aufführung unter dem Titel „Figaro auf dem Thespiskarren":

Leo Braune als Figaro, Foto Neumayr, 2006

99 Mozarts Oper minus Musik ist gleich Beaumarchais? So leicht ist die Rechnung nicht. Beaumarchais minus viel Text, auf Straßentheaterlänge, ist gleich Mozarts Oper minus Musik. Die Gleichung passt eher. […] Bis 6. August also schickt die Salzburger Kulturvereinigung den Thespiskarren wieder durch Stadt und Land: aus gegebenem Anlass mit Beaumarchais' „Der tolle Tag". […] Zugegeben: An manchen Stellen wundert man sich, wenn die Hauptdarsteller keine Arie anstimmen – aber dafür geht die Handlung zügig, temperamentvoll und vor allem mit bezaubernder Stimmung weiter, sodass die Musik am Ende gar nicht fehlt. Die Leute machen Augen, wenn sich, hast Du's nicht gesehen, das kleine Zimmer mit hereingesteckten Pappelementen in den nächtlichen Garten verwandelt. Solche Verwandlung gibt's heuer in der Festspielinszenierung der Mozart-Oper nicht. Ausstatter Bernd Dieter Müller hat einen respektablen Innenstadt-Palast hingestellt: Der Theaterkarren der Kulturvereinigung wird mächtig aufgefaltet! Der Fauteuil zum Versteckspielen ist da, die obligaten drei Türen […]. Was vor allem da ist, ist die nötige schauspie-

lerische Gewecktheit, die blendende Synchronisation zwischen Leo Braune (Figaro) und Johannes Seilern (Graf), Regina Schrott (Susanna) und Ingrid Schaller (Gräfin), Michael Menzel spielt den Cherubin, Kammerschauspielerin Ulli Fessel und Marcus Marotte (von der Elisabethbühne) sind das tragikomische Paar Marzellina/Bartolo. Pfiffige Komödie, getragen von Darstellern, die um einiges besser sind als im Salzburger Theateralltag. Was will man mehr?❞

Als „Figaro" feiert Leo Braune übrigens sein 15-jähriges Straßentheaterjubiläum. 10.000 Zuschauer können gezählt werden. Seinen Radius konnte das Straßentheater enorm ausdehnen. Angefangen wurde mit 16 Aufführungen, 2006 sind es 32 – auch wenn die Zuschauerzahlen zwischendurch etwas eingebrochen waren. Immer wieder kommen neue Gemeinden dazu. Im Programmheft freut sich Heinz Erich Klier von der Salzburger Kulturvereinigung über den Erfolg.

❝ Von 1970 bis inklusive 2005 konnte die Salzburger Kulturvereinigung bei 888 Vorstellungen ihres Straßentheaters 459.200 Zuschauer zählen, die es allem Anschein nach sehr zu schätzen wussten, dass das Theater wieder wie früher zu ihnen gekommen ist, denn sie haben dafür gerne mit Stehplätzen vorliebgenommen, ab und zu auch einen Regen in Kauf genommen und erfreulicherweise sogar durch Spenden mitgeholfen, diverse Finanzierungslücken zu schließen.❞

In der Salzburger Krone gibt es am 23. Juli 2006 einen Premierenbericht unter dem Titel „Jetzt spielt Figaro auch im Park":

❝ Was wären die Festspiele ohne das Straßentheater! Seit 1970 ziehen die „Stiegl"-Pferde den Theaterwagen von einem Platz zum anderen. Gegeben wird heuer das Beaumarchais-Stück „Der tolle Tag"[...]. In „Stiegls Brauwelt" war Samstag Straßentheater-Premiere. Die bekannte Geschichte: Bei Figaro und Susanne laufen die Hochzeitsvorbereitungen auf Hochtouren, gleichzeitig will der Graf

Spektakulärer Saisonauftakt für **Ein idealer Gatte,** Foto privat, 2007

Almaviva von Susanne erhört werden. Und die Frau des Grafen setzt alles daran, um ihrem Gatten seine Untreue zu beweisen [...]. Ein stimmiger Platz und die Zuseher lachten, dass die Kastanienbäume wackelten: In „Stiegls Brauwelt" gab es die Straßentheater-Premiere, bevor die Pferde den Wagen abends in den Toskana-Trakt zur zweiten Aufführung zogen. Viel Beifall für die Schauspieler! Der Premieren-Vorteil: Dort war der Hitze wegen der Weg ums Bier nicht weit.❞

2007 beschert dem Theaterunternehmen einen Besucherrekord. 12.870 Besucher in 35 Vorstellungen sehen Oscar Wildes' „Ein idealer Gatte". Die Premiere im Hof des Salzburg Museums wird zum spektakulären Saisonauftakt. Der Wagen muss aufgrund der Maße von einem Kran über die Fassade gehoben werden. Der Mozartplatz wird kurzerhand gesperrt, die Aufmerksamkeit ist dem Wagen und den Schauspielern, die sich bereits in Kostüm und Maske unter die staunenden Passanten gemischt haben, sicher. Erwartungsgemäß folgen die meisten, neugierig geworden, dem Ensemble in den Hof und werden so spontan zum begeisterten Theaterpublikum.

Noch zur Halbzeit der laufenden Saison wird davon auf DrehPunktKultur am 9. August 2007 berichtet.

❝ 9000 Besucher bei bisher 24 Vorstellungen zählte bisher die Salzburger Kulturvereinigung, der Veranstalter des Salzburger Straßentheaters. Die Komödie von Oscar Wilde „Der ideale Gatte" in der Inszenierung durch Klaus Gmeiner und mit der Ausstattung von Bernd Dieter Müller erweise sich als Publikumsmagnet, berichtet die Kulturvereinigung. Zahlreiche Einladungen von den Bürgermeistern der Städte und Märkte im Land Salzburg für nächstes Jahr lägen vor. In der Stadt war die Vorstellung im Hof des Salzburg Museums ein Höhepunkt im Rahmen des Festes zur Festspieleröffnung. Die Firma Felbermayr sponserte den „Kranflug" des Straßentheaterwagens über die Dächer der Neuen Residenz: Der Thespiskarren passte nicht durch die Einfahrt.❞

Ein idealer Gatte, Leo Braune und Johannes Seilern, Foto privat, 2007

Leo Braune in der „Maske", der Aufbahrungshalle in Wals, Foto privat, 2007

Geschminkt wird in Wals immer noch in der Aufbahrungshalle. Abgesehen von der makabren „Garderobe" erweist sich der Kirchenplatz in Wals immer als guter Spielort mit zahlreichen Zuschauern. Am Ende konnten trotz häufigen Schlechtwetters alle auf eine besonders gelungene Spielzeit zurückblicken. In der Salzburger Volkszeitung vom 17. August 2007 steht unter der Schlagzeile „Besucherrekord: 12.870 bei Salzburger Straßentheater":

❱❱ Einen neuen Besucherrekord kann trotz nicht immer sommerlicher Wetterbedingungen das Salzburger Straßentheater der Kulturvereinigung verzeichnen. 12.870 Besucher kamen seit 27. Juli in die Vorstellungen. Es wären wohl noch mehr geworden, wenn nicht ein Termin im Lehener Park wegen Regens ausgefallen wäre. Dabei gilt das diesjährige Stück „Ein idealer Gatte" von Oscar Wilde nicht gerade als Massenware. Dennoch begeisterte die Konversationskomödie. ❰❰

Hermann Bahrs „Das Konzert" steht 2008 auf dem Programm.

❱❱ „Einen Festspielsommer ohne das Salzburger Straßentheater, das [...] zu einer festen und beliebten Institution geworden ist, kann man sich heute nicht mehr vorstellen. Das Straßentheater kommt mit seinem Thespiskarren direkt zu den Menschen und bietet auf diese Weise vergnügliche, aber auch zum Nachdenken anregende Theater-Erlebnisse" ❰❰ wird Landeshauptfrau Gabi Burgstaller in den Salzburger Nachrichten vom 6. August nach ihrem Besuch der Aufführung in Elsbethen zitiert.

Mehr als 12.000 andere Zuschauer tun es ihr in diesem Sommer gleich und kommen zu den diversen Spielorten.

Horst Eder, der in diesem Jahr den mürrischen Pollinger spielt, erklärt das Besondere am Straßentheater folgendermaßen:

❱❱ Und in gar nicht so wenigen geglückten Fällen hat es eine unglaubliche Atmosphäre von Verbindung der Landschaft im Hintergrund und dem Publikum davor und da hat es dann etwas von dem ganz Ursprünglichen, vom Theater der wandernden Truppen vor

Rudolf Otahal und Maria Schuchter in **Das Konzert**, Foto Kabel, 2008

Jahrhunderten, wo man ein anderes Publikum und anderen Raum findet, dem man sich ausgeliefert fühlen kann oder ihn sich erobern muss. Und dann ist das wahnsinnig schön!

Ich kenne kein Theater, wo du dein Handwerk so beieinanderhaben musst, wie hier. Das fängt bei der kurzen Probenzeit an – du musst von der ersten Probe an hundertprozentig da sein. Auch konditionsmäßig ist es sehr fordernd. Wenn dir bei 36° die Sonne auf das Hirn knallt, ist das schon sehr anstrengend. Dann stellt sich auch noch bei jeder Vorstellung die Frage: Gelingt es mir, die Aufmerksamkeit des Publikums auf mich zu lenken und vor allem auch dann zu halten, wenn drei Hubschrauber drüberfliegen und fünf Züge vorbeidonnern oder eine Gruppe Betrunkener absichtlich stört? Das macht aber auch den Reiz: das Publikum trotz allem dazu zu bringen, dass es mir zuhört.❞

Am 26. Juli 2008 erscheint in den Salzburger Nachrichten Werner Thuswaldners Artikel „Die Untreue ist gegen alle Vernunft".

99 Auf dem Programmfolder des Salzburger Straßentheaters ist schon seit fast vier Jahrzehnten das Foto zu sehen, das zwei prächtige Stiegl-Pferde zeigt, die den Thespiskarren über die Staatsbrücke ziehen. Das nennt man Kontinuität. Diesen Sommer ist das Straßentheater mit Hermann Bahrs „Das Konzert" unterwegs. Das Geschehen entfaltet sich wie immer auf kleinster Fläche, und wie immer ist zu erleben, wie mit vergleichsweise geringem Aufwand große Wirkung erzielt wird. Das Publikum geht begeistert mit, wenn auf der Bühne dem eitlen Klavierprofessor Gustav Heink übel mitgespielt wird.66

2009 gibt es in der ersten Saison der neuen Leitung der Kulturvereinigung für das Straßentheater – optisch – erste Neuerungen. Der Programmfolder wurde um Informationen zum Stück, dem leitenden Team und den Schauspielern erweitert und der Ausstatter Bernd Dieter Müller mit dem Entwurf für das Straßentheater-Plakat beauftragt. Es ersetzt das bisherige Format mit dem schwarzweißen Foto von 1970.

Inhaltlich ist es ebenfalls ein wichtiges Jahr. Klaus Gmeiner erarbeitet seine fünfundzwanzigste Inszenierung für das Salzburger Straßentheater.

Franz Molnárs „Olympia" sehen über 12.000 Menschen in insgesamt 36 Vorstellungen.

99 „Ich fühle mich als Handwerker mit einem sehr schönen Material": So beschreibt Klaus Gmeiner seine Arbeit für das Theater. Das Stück ist die 25. Inszenierung des 77-Jährigen für die Salzburger Institution, die er 1985 von ihrem Gründer Oscar Fritz Schuh übernommen

Klaus Gmeiner am Wagen, Foto privat, 2008

hat. Und Klaus Gmeiner wird seiner Arbeit nicht überdrüssig. „Mich hat das Straßentheater schon immer fasziniert, und mir fällt immer wieder etwas Neues ein", sagt er schmunzelnd. „Mein Beruf hat mich immer ausgefüllt und macht mich glücklich." [...] Mit „Olympia" von Franz Molnár beendet Klaus Gmeiner heuer zudem einen persönlichen „internationalen Komödienzyklus". Als Motivation für die Wahl von „Olympia" nennt er Friedrich Torberg. „Ich habe den Schriftsteller sehr verehrt, und er hat mich seinerzeit auf das Stück aufmerksam gemacht und es als ‚Klassiker unter den Komödien' bezeichnet", erzählt er. „Das Stück handelt von der Höhe und dem Fall und hat besonderen Tiefgang." (Salzburger Nachrichten vom 23. Juli 2009)

Auch das Radio nimmt Klaus Gmeiners „silbernes Jubiläum" zum Anlass, über das Straßentheater zu berichten. Im Ö1 Kulturjournal vom 6. August 2009 heißt es:

In guter alter Komödiantentradition zieht das Salzburger Straßentheater mit seinem Pferdewagen durch das Land, spielt bei freiem Eintritt in Parks, Höfen und auf öffentlichen Plätzen [...]. Das Publikum des Salzburger Straßentheaters legt [...] auf handfeste Komik Wert, kommen doch gerade zu den Vorstellungen auf dem Land oft Menschen, die sonst nie ins Theater gehen. Der von kräftigen Brauereipferden gezogene Theaterkarren hat für sie daher eine ganz besondere Bedeutung.

Plakat zu **Olympia**, Foto privat, 2009

Im Internet zeigt man sich bei DrehPunktKultur am 31. Juli 2009 begeistert:

Leo Braune und Irene Halenka in **Olympia**, Foto Kabel, 2009

💬 Klaus Gmeiner, der Straßentheater-Regisseur seit vielen Sommern, hat wieder ein erstklassiges Ensemble engagiert. Es garantiert für einen zügigen Wechsel zwischen Witz und Ernst. Bei allem Vergnügen kommt die tiefere Bedeutung nicht zu kurz. Der kühne Bühnenaufbau auf dem Theaterwagen, entworfen von Bernd Dieter Müller, verdient besondere Erwähnung. Mit einfachen Mitteln wird der Eindruck erweckt, als würde man hier großen Aufwand betreiben, und eine spöttische Note schwingt auch mit. Es passt wieder einmal alles: das Stück, das Bühnenbild, die Darsteller und eine umsichtige Regie, sodass das Publikum seine Freude hat. 💬

Auch Werner Thuswaldner ist in den Salzburger Nachrichten voll des Lobes für das Team des Straßentheaters. In seinem Artikel „Mutter verzweifelt über Tochters Techtelmechtel" schreibt er:

💬 Bernd-Dieter Müller überrascht mit seinem Bühnenaufbau für den Wagen des Salzburger Straßentheaters: Diesmal hat er mit Spott und Witz ein feudales Ambiente hingezaubert, einen vornehmen Salon, mit Wänden, auf denen allerlei hochgestellte Personen

Géza Terner als Impresario, Foto privat, 2009

in Tiermasken erscheinen, und drum herum spielt sich ein übermütiges circensisches Treiben ab. [...] Der Impresario (gespielt von Géza Terner) macht mit seiner Ansage viel Spektakel, der Vorhang geht zur Seite, und da stehen die Beteiligten wie aufgereiht zum Gruppenfoto, lauter Repräsentanten der ehemaligen Adelsgesellschaft von Altösterreich. Dazu muss die Kaiserhymne erklingen.
Schnell wird klar, dass sich diese höfischen Figuren für außerordentlich halten, dem niederen Volk haushoch überlegen, dass sie aber moralisch doch gewöhnliche Kreaturen sind. Die Gräfin Lina (Olivia Silhavy) zum Beispiel steckt ihre Nase in Dinge, die sie nichts angehen, und sondert, wo sie kann, Beleidigungen ab. Der Oberstallmeister (Hermann Lechner) ist deshalb ständig gekränkt. Am liebsten hätte es Lina, wenn an der Zuneigung der jungen Gräfin Olympia (Irene Halenka) zum Husarenrittmeister Barna (Leo Braune) etwas Anrüchiges wäre. [...]

Regisseur Klaus Gmeiner hat mit Franz Molnárs „Olympia" einen guten Griff getan und dem Stück die Form gegeben, sodass es sich auf der winzigen Bühne des Theaterwagens prächtig entfalten kann. Es entsteht die Illusion, dass man sich, wenn nicht in einem

Hof-, so doch in einem veritablen Stadttheater befindet. Bewundernswert ist es, wie Klaus Gmeiner jeden Sommer ein Ensemble um sich schart, das so versiert und schlagkräftig agiert, dass man annehmen könnte, es sei schon seit Jahren zusammen."

2010 steht also schon das nächste Jubiläum ins Haus. Unglaubliche vierzig Jahre Salzburger Straßentheater gibt es zu feiern. Über tausend Vorstellungen wurden gespielt und mehr als 520.000 Menschen damit begeistert! Wer hätte sich getraut, diesen andauernden Erfolg zu prophezeien?

Klaus Gmeiner hat sich für die Jubiläumssaison 2010 einen Klassiker von Johann Nestroy vorgenommen. „Der Zerrissene" wird für das Straßentheater bearbeitet. Wieder verspricht der Regisseur ein spielfreudiges, perfekt typgerecht besetztes Ensemble und Bernd Dieter Müllers Ausstattung ein fantasievolles Bühnenbild und herrliche Kostüme.

7.
... und zum Schluss sei noch gesagt:

99 Wenn eine künstlerische Leistung zur Institution wird, hat man bereits den Eindruck: Da stimmt etwas nicht mehr. Ich bin nur in einem mit diesem Wort einverstanden, nämlich, dass das Straßentheater nicht mehr aus dem Festspielsommer wegzudenken ist. Und das war ja am Anfang nicht an der Wiege gesungen worden, 66 sagte Oscar Fritz Schuh in einem Radiointerview am 11. November 1980 anlässlich der Veröffentlichung seiner Memoiren.

Seit beinahe zehn Jahren beschäftige ich mich nun intensiv mit dem Salzburger Straßentheater. Begeistert von der Idee, eine Dissertation über ein Thema meiner Heimat Salzburg zu schreiben, bin ich 2001 mit der Bitte zur Salzburger Kulturvereinigung gegangen, Unterlagen für die erste Besprechung auf der Universität zu erhalten. Damals lag alles quasi noch „auf der Straße", musste in Klein(st)arbeit entdeckt und zusammengetragen werden. Vor allem in zahlreichen Interviews mit Schauspielern, Regieassistenten, Organisatoren und dem jetzigen künstlerischen Leiter wurden Fakten zusammenzutragen. So manche erstaunliche Anekdote ist dabei erzählt worden. Ich habe auch erlebt, wie Schauspieler des Straßentheaters von anderen Kollegen mitleidig belächelt wurden, als sie von ihrem Engagement erzählt haben. Mir schlug völlige Überraschung entgegen, dass es das Straßentheater überhaupt noch gibt. Aber die Mehrheit der Gespräche fand mit Menschen statt, die das Straßentheater kennen und lieben und voller Begeisterung über diese Institution sprechen. Für mich war aufgrund dieser extremen Gegenpole klar, dass hier Aufklärungsarbeit notwendig und auch zielführend sein würde. Noch jeder, dem ich vom Straßentheater erzählt habe – seinen Stücken, seinen Schauspielern, seiner Abwicklung, fand die Existenz so eines Theaters erhaltenswert. Diese kleinen Erfolge haben mich sehr in meiner Motivation weiterzuforschen bestärkt. Im Laufe meiner Arbeit hat sich das Gefühl, eine kleine Kostbarkeit dieser Kulturstadt zu unterstützen, immer mehr verstärkt.

Eines steht für mich fest: Wer sich von der Idee und dem Charme des Straßentheaters anstecken lässt, der wird seine Begeisterung nicht mehr los. Und genau davon lebt das Salzburger Straßentheater – von seinem treuen Publikum und den Mitwirkenden, die mit Begeisterung und Spielfreude Theater zu den Leuten bringen. Es ist seit den 1970er-Jahren sehr viel schwieriger geworden, Zuschauer auf der Straße anzusprechen und zu halten. Die Zeiten sind hektischer, lauter, beengter geworden. Jeder hat es eilig, Verkehrslärm, Handys, Flugzeuglärm füllen die Straßen. Umso wertvoller sind die Plätze, an denen man kurz zur Ruhe kommen kann und dabei sogar noch etwas für seine Bildung tut. Eine Institution wie das Salzburger Straßentheater hat heute demnach noch größere Bedeutung als in seinem Gründungsjahr. Es ist in mehrerlei Hinsicht wichtig.

Es zeigt jeden Sommer erneut, dass in dieser ursprünglichen Form Theater auch jenen zugänglich gemacht werden kann, die sonst keine Möglichkeit oder zu große Scheu vor einem Theaterbesuch hätten.

In dem es auf öffentliche Plätze kommt, erreicht es wirklich alle Altersschichten. Es hat einen großen Reiz – dieses Unmittelbare, der direkte Kontakt zu den Schauspielern, die Möglichkeit, hinter den Wagen schauen zu können und so zu erleben, was sich „backstage" abspielt.

Aber auch für alte und kranke Menschen bietet das Salzburger Straßentheater eine willkommene Abwechslung. In der vergangenen Saison gastierte es fünfmal in verschiedenen Senioren- und Diakonieheimen. Und obwohl es für die Schauspieler an diesen Spielstätten besonders anstrengend ist, die Aufmerksamkeit des

Publikums zu bekommen und zu halten, sind sich alle einig, dass man daran festhalten möchte.

Darüber hinaus wird in Zeiten der finanziellen Krise Kunstgenuss kostenlos möglich gemacht.

Mit rund 12.000 Besuchern pro Saison kann man sich bei der Kulturvereinigung auch nach vier Jahrzehnten über ein ungebrochen großes Publikumsinteresse freuen. So mancher mag sich die Frage stellen, was aus dem Salzburger Straßentheater werden wird, wenn das bewährte leitende Team in der jetzigen Form nicht weiter besteht oder Veränderungen erfährt. Keiner kann zu diesem Zeitpunkt etwas Verbindliches dazu sagen. So bleibt die Hoffnung, dass das so erfolgreiche Grundkonzept erhalten bleibt und sich Menschen finden, die in einer natürlichen Weiterentwicklung auch in Zukunft dieses Theater seinem Publikum in Stadt und Land Salzburg näherbringen.

Sandra Marchart im Mai 2010

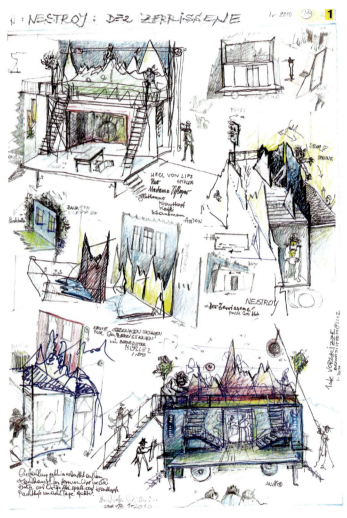

Erste Vorskizzen zum Bühnenbild für **Der Zerrissene** 2010 von Bernd Dieter Müller

8.
Stücke und Besetzungen 1970–2010

1970
Johann Nestroy: „Frühere Verhältnisse"
HERR VON SCHEITERMANN .... Fritz Grieb
JOSEPHINE, SEINE FRAU .... Helly Servi
ANTON MUFFL, HAUSKNECHT .... Peter Ertelt
PEPPI AMSEL, KÖCHIN .... Elfriede Ott

1971
Karl Valentin: „Theater in der Vorstadt"
KAPELLMEISTER .... Elfriede Ott
FRAU KAPELLMEISTER .... Isolde Stiegler
SÄNGERIN .... Margarete Fallner
SOUBRETTE .... Ilse Hanel
ERSTER MUSIKER .... Alfred Böhm
ZWEITER MUSIKER .... Anton Pointecker

1972
Karl Valentin: „Die Raubritter"
TROMMLERBUA MICHL .... Elfriede Ott
WACHTPOSTEN BENE .... Alfred Böhm
HAUPTMANN, POLIZEIDIENER, FUHRMANN .... Anton Pointecker
KORPORAL BERGMEISTER .... Götz Kauffmann
METZGERLEHRBUB GIRGL .... Alexander Palfinger
VINZENZ .... Burghard Palfinger

1973
Lotte Ingrisch: „Die Heiratsschwindlerin"
SCHORSCH BERN, FLICKSCHNEIDER .... Hans Putz
MÄDY SWATEK, WITWE .... Jane Tilden
KUNO, MÄDYS SOHN, ZAUBERER .... Gerhart Lippert
LIESERL, SCHORSCHS TOCHTER .... Franzi Tilden
HERR SCHMÄHTANDLER, KOSTÜMVERLEIHER .... Anton Pointecker

1973
in Duisburg und Düsseldorf Johann Nestroy: „Frühere Verhältnisse"
HERR VON SCHEITERMANN	Fritz Grieb
JOSEPHINE, SEINE FRAU	Doris Masjos
ANTON MUFFL, HAUSKNECHT	Peter Ertelt
PEPPI AMSEL, KÖCHIN	Elfriede Ott

1974
Johann Nestroy: „Trischtratsch"
INSPEKTOR WURM	Anton Pointecker
MARIE, SEINE TOCHTER	Franzi Tilden
MADAME GRÜNEBERGER, COMTOIREASSISTENTIN	Inge Wolffberg
GOTTLIEB FIEDLER, IHR NEFFE	Gerhart Lippert
MAMSELL KATON	Inge Drexel
MAMSELL BABETTE	Gunda Spiluttini/Verena Stemberger
SEBASTIAN TRATSCHMIEDEL, TABAKKRÄMER	Hans Putz
FRANK	Burghard Palfinger

1975
Franz Pocci: „Kasperl als Prinz"
PRINZ ALFRED	Anton Duschek
HOFKAVALIER EDELFELS	Peter Otten
KASPERL LARIFARI	Hans Putz
GRETL, SEINE FRAU	Ilse Hanel
MUFTI, LEIBMOHR	Susanna Szameit
HOFLAKAIEN	Burghard und Alexander Palfinger

1976
Ödön von Horvath: „Himmelwärts"
ST. PETRUS	Hugo Lindinger
EIN KLEINER BUB	Alexander Palfinger
FRAU STEINTHALER	Margarete Fallner
LUISE	Franzi Tilden
BÜHNENPORTIER	Anton Pointecker
LAUTERBACH	Gerhart Lippert
INTENDANT	Curth A. Tichy
TEUFEL	Dietmar Schönherr
VIZETEUFEL	Peter Uray
HERR STEINTHALER	Peter Otten

1977
Johann Nestroy: „Häuptling Abendwind"
ABENDWIND DER SANFTE... Hugo Lindinger
ATALA, SEINE TOCHTER...Dolores Schmidinger
BIBERHAHN DER HEFTIGE ....Peter Neubauer
ARTUR, EIN FREMDLING.. Peter Uray
HO-GU, KOCH BEI ABENDWIND... Anton Pointecker
ERSTER GROSS-LULUERER .... Burghard Palfinger

1978
F. Herzmanovsky-Orlando, eingerichtet von Friedrich Torberg:
„Reise nach Tarockanien"
CONFÉRENCIER.. Peter Uray

„Kaiser Joseph und die Bahnwärterstochter"
KAISER JOSEPH .... Albert Rueprecht
NOZERL .... Ute Radkohl
LEOPOLDINE GACKERMAIER.. Ilse Hanel
VORREITER .... Werner Friedl
HEIZER.. Burghard Palfinger

„Apoll von Nichts"
APOLL VON NICHTS .... Albert Rueprecht
GENERAL HOPSETIC .... Peter Uray
GRAF SEDLNITZKY...Fritz Holzer
ZWITKOWITSCH... Werner Friedl

„Abduhenendas missratene Töchter"
FAAD VON HOHENTUMPBERG... Albert Rueprecht
FOFO VON RAUBERSTORFF .... Werner Friedl

„Pater Knjakals erbauliche Predigt"
PATER KNJAKAL...Fritz Holzer

1979
Ludwig Thoma: „Die kleinen Verwandten"
HEINRICH HÄSSLER, REGIERUNGSRAT ....Curth A. Tichy
MAMA HÄSSLER.. Ilse Hanel
IDA, BEIDER TOCHTER ....Regine Hochmeister
JOSEF BONHOLZER, OBERAUFSEHER AUS DORNSTEIN...............Fritz Holzer
BABETTE BONHOLZER, SEINE FRAU,
SCHWESTER DES REGIERUNGSRATES .... Maria Singer
MAX SCHMITT, KAUFMANN.. Peter Uray

1980
Johann Nestroy: „Frühere Verhältnisse"

HERR VON SCHEITERMANN	Götz Kauffmann
JOSEPHINE, SEINE FRAU	Ilse Hanel
ANTON MUFFL, HAUSKNECHT	Peter Uray
PEPPI AMSEL, KÖCHIN	Waltraut Haas

1981
Federico Garcia Lorca: „Die wundersame Schustersfrau"

SCHUSTERSFRAU	Brigitte Quadlbauer
ROTE NACHBARIN	Ilse Hanel
SCHUSTER	Götz Kauffmann
KNABE	Pierre Deason
BÜRGERMEISTER	Gerhard Balluch
DON AMSEL	Nandor Tomory
BURSCHE MIT DER SCHÄRPE	Burghard Palfinger
BURSCHE MIT DEM HUT	Raimund Ribitsch

1982
Curt Goetz frei nach Guy de Maupassant: „Die Kommode"

BALTHASAR FRÖHLICH, CHEFFRISEUR AM EHEMALIGEN HOFTHEATER	Gunther Philipp
IDA, SEINE FRAU	Maria Singer
IHRE KINDER:	
MARIE-LUISE	Daniela Enzi
FRANZ JOSEF	Pierre Deason
BENNECKENDORF, INTENDANT	Wolfgang Dörich
TANTE LINA	Ilse Hanel
ONKEL GUSTAV	Nandor Tomory
DR. OCHSENBEIN	Curth A. Tichy

1983
Ludwig Thoma: „Erster Klasse"

KAUFMANN STÜVE AUS NEURUPPIN	Curth A. Tichy
ASSESSOR ALFRED VON KLEEWITZ	Erhard Hartmann
LOTTE VON KLEEWITZ	Daniela Enzi
VON SCHEIBLER, KGL.BAYR. MINISTERIALRAT	Gerhard Dorfer
SYLVESTER GSOTTMAIER, ÖKONOM	Willi Harlander
JOSEF FILSER, ÖKONOM UND ABGEORDNETER	Franz Muxeneder
MARIE FILSER, SEINE FRAU	Christa Dangl
EIN SCHAFFNER	Burghard Palfinger

1984
Johann Nestroy: „Ein gebildeter Hausknecht"
BERNHARD, HOTELBESITZER .... Curth A. Tichy
AUGUSTE, SEINE FRAU .... Inge Rassaerts
FROHBERG, KAUFMANN .... Gerhard Dorfer
ROSA, DESSEN FRAU.. Olivia Silhavy
KNITSCH, HAUSKNECHT.. Helmut Janatsch

1985
Gotthold Ephraim Lessing: „Der Schatz"
LEANDER... Leo Braune
STALENO, LEANDERS VORMUND .... Helmut Janatsch
PHILTO, EIN ALTER.. Gerhard Dorfer
ANSELMO .... Curth A. Tichy
LELIO, DES ANSELMOS SOHN.. Peter Uray
MASCARILL, DES LELIOS BEDIENTER.. Werner Friedl
RAPS .... Anton Pointecker
EIN TRÄGER .... Burghard Palfinger

1986
Carlo Goldoni: „Mirandolina"
MIRANDOLINA .... Dietlindt Haug
CAVALIERE DI RIPAFRATTA .... Thomas Stroux
MARCHESE DI FORLIMPOPOLI... Helmut Janatsch
CONTE D'ALBAFIORITA.. Curth A. Tichy
FABRIZIO .... Josef Schwarz
GIUSEPPE .... Leo Braune

1987
Molière: „Sganarell oder Der vermeintliche Hahnrei"
GORGIBUS, BÜRGER IN PARIS .... Gerhard Dorfer
CELIA, SEINE TOCHTER .... Brigitte Quadlbauer
LELIO, IHR GELIEBTER .... Leo Braune
SGANARELL .... Peter Pikl
MARTHE, SEINE FRAU .... Elfriede Ramhapp
NERINE, SEINE SCHWÄGERIN.. Traudl Gmeinböck
MADAME VILLEBREQUIN .... Ilse Hanel

1988
Stefan Zweig: „Der verwandelte Komödiant"
DER FÜRST .... Gerhard Dorfer
DIE GRÄFIN R., FAVORITIN DES FÜRSTEN .... Else Ludwig
DER CHEVALIER .... Karl Heinz Glaser
DER KOMÖDIANT .... Leo Braune

1989
Johann Wolfgang von Goethe: „Die Mitschuldigen"
DER WIRT	Gerhard Dorfer
SOPHIE, SEINE TOCHTER	Brigitte Quadlbauer
SÖLLER, IHR MANN	Werner Friedl
ALCEST	Leo Braune
MUSIKANT	Manfred Kuppelwieser

1990
Johann Nestroy: „Frühere Verhältnisse"
HERR VON SCHEITERMANN	Gerhard Dorfer
JOSEPHINE, SEINE FRAU	Elfriede Ramhapp
ANTON MUFFL, HAUSKNECHT	Peter Pikl
PEPPI AMSEL, KÖCHIN	Dolores Schmidinger

1991
Johann Nestroy: „Zeitvertreib"
FELDER, EIN JUNGER ARCHITEKT	Christian Futterknecht
BUMML, SEIN DIENER	Peter Pikl
STOCKMAUER, HAUSHERR & KAPITALIST	Gerhard Dorfer
NETTI, WEISSNÄHERIN	Iris Atzwanger
SALI, WEISSNÄHERIN	Brigitte Quadlbauer

1992
Dario Fo: „Der Dieb, der nicht zu schaden kam"
DER DIEB	Peter Pikl
MARIE, SEINE FRAU	Traudl Gmeinböck
DER HAUSHERR	Gerhard Dorfer
ANNA, SEINE FRAU	Brigitte Quadlbauer
ANTONIO	Leo Braune
JULIA, SEINE FRAU	Gaby Bischof

1993
H.C. Artmann nach P. de Marivaux: „Spiel von Liebe und Zufall"
MONSIEUR ORGON, EIN EDELMANN	Gerhard Dorfer
MARIO, SEIN SOHN	August Fink
SILVIA, SEINE TOCHTER	Claudia Androsch
DORANTE, VERLOBTER DER SILVIA	Leo Braune
ARLEQUIN, BEDIENTER	Peter Pikl
LISETTE, KAMMERMÄDCHEN	Gabriele Schuchter

1994
H.C. Artmann nach Heinrich von Kleist: „Der zerbrochne Krug"

WALTER VON WALTERSBERG, GERICHTSRAT	Gerhard Dorfer
ADAM, DORFRICHTER	Ernst Prassel
FERDINAND LIECHTL, SCHREIBER	Christian Hofler
FRAU MARTHE RULL	Julia Gschnitzer
EVA, DEREN TOCHTER	Maria Köstlinger
RUPRECHT	John F. Kutil
FRAU THERESIA, EINE ALTE	Ilse Hanel

1995
Johann Nestroy: „Frühere Verhältnisse"

HERR VON SCHEITERMANN	Gerhard Dorfer
JOSEPHINE, SEINE FRAU	Traudl Gmeinböck
ANTON MUFFL, HAUSKNECHT	Peter Pikl
PEPPI AMSEL, KÖCHIN	Elfriede Schüsseleder

1996
H.C. Artmann nach Calderon de la Barca: „Dame Kobold"

DON MANUEL	Leo Braune
COSME, SEIN DIENER	Georg Clementi
DON JUAN	Gerhard Dorfer
DON LUIS	Markus Scarabäi
DONA ANGELA	Gabriele Schuchter
DONA YSABEL	Christine Hartentaler

1997
Carlo Goldoni: „Der Diener zweier Herren"

PANTALONE DE' BISOGNOSI	Gerhard Dorfer
BEATRICE (FEDERIGO RASPONI)	Alexandra Krismer
FLORINDO ARETUSI	Leo Braune
BRIGHELLA	Hans Sigl
SMERALDINA	Esther Filges
TRUFFALDINO	Georg Clementi

1998
Johann Nestroy: „Unverhofft"

HERR VON LEDIG, PARTIKULIER	Christian Futterknecht
WALZL, STROHHUTFABRIKANT	Christian Ghera
GABRIELE, SEINE FRAU	Sylvia Eisenberger
ARNOLD, MALER	Leo Braune
BERG, HANDLUNGSREISENDER BEI WALZL	Erich Meraner
FRAU SCHNIPPS, LEDIGS HAUSHÄLTERIN	Elfriede Ramhapp

1999
William Shakespeare: „Die Komödie der Irrungen"

ANTIPHOLUS VON EPHESUS	
ANTIPHOLUS VON SYRAKUS	Gerard Peilstein
DROMIO VON EPHESUS	
DROMIO VON SYRAKUS	Martin Leutgeb
AEGEON	Marcus Marotte
ANGELO	John F. Kutil
ADRIANA	Brigitte Waschnig
LUZIANA	Esther Filges
CELESTINA	Inge Rassaerts

2000
Carlo Goldoni: „Der Diener zweier Herren"

PANTALONE DE' BISOGNOSI	Bruno Reinecker
BEATRICE (FEDERIGO RASPONI)	Monika Knoblauch
FLORINDO ARETUSI	Manuel Harder
BRIGHELLA	Daniel Del Ponte
SMERALDINA	Anja Beckert
TRUFFALDINO	Georg Clementi
PASQUALE	Ossi Pardeller

2001
Johann Nestroy: „Eine verwickelte Geschichte"

KESSEL, BRÄUHAUS-INHABER	Reinold Tischler
PAULINE, SEIN MÜNDEL	Esther Filges
MATHILDE, SEINE SCHWESTER	Inge Rassaerts
FASS, BIERFÜHRER	Leo Braune
AGNES, GELDEINNEHMERIN	Christine Renhardt
STERN, ARCHITEKT AUS ROM	Bruno Reinecker
WACHTL, BEDIENTER	Martin Leutgeb

2002
George B. Shaw: „Helden"

PAWEL PETKOFF, EIN BULGARISCHER MAJOR	Horst Eder
KATHARINA, SEINE FRAU	Vera Schweiger
RAINA, IHRE TOCHTER	Vivien Löschner
SERGIUS SARANOFF, EIN BULGARISCHER MAJOR	Ronald Hein
BLUNTSCHLI, HAUPTMANN DER SERBISCHEN ARMEE	Leo Braune
LUKA, EIN DIENSTMÄDCHEN	Christine Renhardt

2003
Molière: „Die Schule der Frauen"

ARNULF, EIN REICHER PRIVATIER	Horst Eder
AGNES, SEIN MÜNDEL	Vivien Löschner
FROSINE, SEINER NACHBARIN	Vera Schweiger
HORAZ, EIN JUNGER LIEBHABER	Mathias Kahler-Polagnoli
ORONT, SEIN BRUDER	Thomas Landl
JAQUES, DER BEDIENTE AUS DEM SÜDEN	Andrea Tiziani

2004
Eugené Scribe:
„Das Glas Wasser oder Kleine Ursachen – Große Wirkung"

KÖNIGIN ANNA VON ENGLAND	Vivien Löschner
HERZOGIN VON MARLBOROUGH	Olivia Silhavy
HENRY, GRAF VON BOLINGBROKE	Leo Braune
MASHAM, FÄHNRICH	Mathias Kahler-Polagnoli
ABIGAIL, JUWELENVERKÄUFERIN	Katharina Winkler

2005
Johann Nestroy: „Das Mädel aus der Vorstadt"

KAUZ, EIN SPEKULANT	Horst Eder
FRAU VON ERBSENSTEIN, WITWE	Susanne Czepl
HERR VON GIGL, IHR BRÄUTIGAM	Mathias Kahler-Polagnoli
SCHNOFERL, WINKELAGENT	Leo Braune
MADAME STORCH, PFANDLEIHERIN	Vera Schweiger
ROSALIE, NÄHERIN	Angela Schneider
THEKLA, STICKERIN	Susanna Wohlsein

2006
Beaumarchais: „Der tolle Tag"

GRAF ALMAVIVA	Johannes Seilern
GRÄFIN ALMAVIA, SEINE FRAU	Ingrid Schaller
FIGARO, DIENER	Leo Braune
SUSANNA, SEINE BRAUT	Regina Schrott
CHERUBINO	Michael Menzel
MARZELLINE	Ulli Fessl
DOKTOR BARTOLO	Marcus Marotte
ANTONIO/BASILIO	Thomas Landl

2007
Oscar Wilde: „Ein idealer Gatte"

EARL OF CAVERSHAM	Olaf Salzer
LORD GORING	Leo Braune
SIR ROBERT CHILTREN	Johannes Seilern
LADY CHILTREN	Katharina Winkler
LADY MARKBY	Vera Schweiger
MRS. CHEVELEY	Vivien Löschner
JAMES/JACK	Géza Terner

2008
Hermann Bahr: „Das Konzert"

GUSTAV HEINK	Rudolf Otahal
MARIE, SEINE FRAU	Ingrid Schaller
DR. FRANZ JURA	Leo Braune
DELFINE, SEINE FRAU	Maria Schuchter
EVA GERNDL	Mona Dörfler
POLLINGER	Horst Eder
FRAU POLLINGER	Vera Schweiger
FRÄULEIN WEHNER	Christine Renhardt

2009
Franz Molnár: „Olympia"

FÜRST PLATA-ETTIN, GENERAL	Rudolf Otahal
EUGENIE, SEINE FRAU	Elfriede Schüsseleder
OLYMPIA, SEINE TOCHTER	Irene Halenka
BARNA, HUSARENRITTMEISTER	Leo Braune
LINA, GRÄFIN	Olivia Silhavy
ALBERT, OBERSTALLMEISTER	Hermann Lechner
KREHL, GENDARMERIEOBERSTLEUTNANT	Robert Tillian
IMPRESARIO	Géza Terner

2010
Johann Nestroy: „Der Zerrissene"

HERR VON LIPS, EIN KAPITALIST	Leo Braune
STIFLER, DESSEN FREUND	Clemens Berndorff
MADAME SCHLEIER	Angela Schneider
GLUTHAMMER, SCHLOSSER	Matthias Christian Rehrl
KRAUTKOPF, LANDWIRT	Peter Josch
KATHI, DESSEN ANVERWANDTE	Martina Ebm
STAUBMANN, JUSTITIARIUS	Olaf Salzer
ANTON, DIENER BEI HERRN VON LIPS	Boris Popovic

Zum Nachlesen

Klier, Heinz Erich (Hrsg.): Salzburger Kulturvereinigung – Rückschau, Chronik, Register 1947-2002. Salzburg, J. Huttegger Ges.m.b.H. & Co KG, 2003.

Macher, Didi: GemeindeHOFtheater – Komödianten zwischen Lorbeerbaum und Bettelstab. In: Arlt, Herbert; Ludwig, Michael (Hrsg): Literatur und Arbeiterbewegung. Europäische Hochschulschriften, Reihe 1, Deutsche Sprache und Literatur; Bd. 1354, Frankfurt am Main, Berlin, Bern, New York, Paris, Wien, Verlag Peter Lang, 1992, S125-129.

Ott, Elfriede: Phantasie in Ö-Dur. Wien/München, Jugend und Volk, 1975

Pfeiffer, Gabriele C.: Kommt herbei! Eintritt frei - Das Dario Fo-Theater in den Arbeiterbezirken. Wien, Mandelbaum 2009.

Schuh, Oscar Fritz: So war es, war es so? Notizen und Erinnerungen eines Theatermannes. Frankfurt am Main/Wien, Ullstein, 1980.

Schuh, Oscar Fritz: Salzburger Dramaturgie. Aus der Reihe „Kultur Konkret", Salzburg, Salzburger Nachrichten Verlag, 1969.

Schuh, Oscar Fritz; Willnauer, Franz: Bühne als geistiger Raum. Bremen, Schünemann, 1963.

Interviews für dieses Buch mit:
Leo Braune, Horst Burmann, Gerhard Dorfer, Horst Eder, Klaus Gmeiner, Maria Gradl, Julia Gschnitzer, Ronny Hein, Josefa Hüttenbrenner, Mathias Kahler-Polagnoli, Heinz Erich Klier, Thomas Landl, Vivien Löschner, Didi Macher, Katharina Müller-Uri, Christine Renhardt, Vera Schweiger, Gabriele Schuchter, Ulrike Steppan, Robert Tillian, Andrea Tiziani, Peter Uray, Hans Widrich

Irmgard Wöhrl

DAS TRAPPKOCHBUCH
Original-Rezepte der Köchin Johanna Raudaschl

120 Seiten, zahlreiche Abbildungen
21 x 21 cm, Hardcover
EUR 19,95 / SFR 30,–
ISBN 978-3-7025-0615-5

»„Das Trapp-Kochbuch" wird allen FreundInnen bodenständiger, mitteleuropäischer Küche gefallen.«

Der Standard.at

Johanna Raudaschl war um 1930 Köchin der Familie Trapp. Die »schönste Zeit ihres Lebens«, wie sie sagte. Sie liebte die Atmosphäre der Villa, die Musik und den Gesang. Abends, wenn sich alle um den offenen Kamin versammelten, spielte Baron von Trapp die erste Geige, seine Frau Maria Augusta und die Kinder begleiteten ihn auf der Gitarre, am Akkordeon und der Violine. Händel, Haydn oder Corelli waren neben Mozart die musikalischen Stammgäste. Und die Trapp-Kinder waren Stammgäste in Johannas Küche. Gerne kamen sie dort auf verlockende Kostproben vorbei.

Johanna Raudaschl war eine begnadete Köchin. Etwas davon hat sie ihrer Enkelin Irmgard Wöhrl vererbt, zusammen mit ihren Rezepten und Lebensrezepten. Vor dem Hintergrund der Lebensgeschichte Johanna Raudaschls hat Irmgard Wöhrl einen wahren kulinarischen Schatz geborgen und präsentiert eine ebenso einfache wie schmackhafte Küche, den Geschmack von damals auf der Höhe unserer Zeit.

Clemens M. Hutter

STADTWANDERN IN SALZBURG
Epochen, Raritäten, Landschaft

2. aktualisierte Auflage
264 Seiten, zahlreiche Abbildungen
11,5 x 18 cm
EUR 19,– / SFR 34,–
ISBN 978-3-7025-0563-9

Das ist nämlich ein Irrtum, wenn ihr meint, Salzburg zu kennen. Es ist die geheimnisvollste Stadt auf deutscher Erde.« Als Hermann Bahr dies formulierte, war C. M. Hutters »Stadtwandern« noch nicht geschrieben. Es geleitet einen auf nicht ausgetretenen Wegen durch die Epochen, Raritäten und verborgenen Charakteristika dieser Stadt. Zufall oder nicht – Oskar Kokoschka hat in Salzburg die »Schule des Sehens« erfunden. Zu sehen beginnt man, sobald man weiß, wonach man abseits des Lauten und Knalligen Ausschau halten könnte, um Aha-Erlebnisse zu sammeln – bei unauffällig Gefälligem, unaufdringlich Eindringlichem und zeitlos Zeitgemäßem. Kompetent und belesen führt Clemens M. Hutter unter anderem zu technisch Revolutionärem wie dem Almkanal oder dem Neutor, zu versteckten Marken von Jahrhundert-Hochwässern seit dem 16. Jahrhundert, durch die strategischen Grundsätze der Befestigungsanlagen, zu Schauplätzen des Hexenwahns und zu einem »Who's Who«, das sich hinter Wappen an Kirchen und Palästen oder in der Lust an opulenten Titeln auf lateinischen Inschriften verbirgt. Eine Wanderung auf den Gaisberg steht nicht nur wegen der grandiosen Rundsicht dafür. Sein Gipfel war vor einem Menschenalter ein Segelflug-Zentrum von europäischem Rang und im Zweiten Weltkrieg Sperrgebiet, in dem eine Radar-Variante entwickelt wurde.

Der Bestseller von Clemens M. Hutter erscheint nicht nur im neuen Gewand, sondern gründlich überarbeitet und um ein Dutzend neuer Routen bereichert. Seine Absicht blieb jedoch unverändert: den Bewohnern und Gästen Salzburgs eine Schule des Sehens und Staunens zu bieten.

Clemens M. Hutter

VEREWIGT IN SALZBURG
Steinerne Zeugen an Häusern und Plätzen

ca. 220 Seiten, zahlreiche Abbildungen
11,5 x 18 cm
EUR 19,95 / SFR 30,–
ISBN 978-3-7025-0618-6

Die Fürsten des Kirchenstaates Salzburg trugen sich selbst mit ihren Wappen in die Landesgeschichte ein. Im Gegensatz dazu verewigten die Salzburger nach der Säkularisation bedeutende Leistungen ihrer Mitbürger und Gäste sowie große und triste Ereignisse mit Denkmälern, Gedenktafeln und Mahnmalen.

An Häusern und Plätzen unserer Stadt sind Teilaspekte unserer Geschichte zu lesen. Jede Zukunft hat ihre Herkunft. Ihr nachzuspüren, hebt den Schleier von Vergessenem, erleichtert das Verständnis der Gegenwart und gibt Orientierung für die Zukunft. Vor allem aber lehren uns Gedenkstätten Achtung vor jenen, die – nicht nur für Salzburg – Bleibendes schufen; vor jenen, die für grundlegende Werte unserer Gesellschaft kämpften und dafür sogar Not und Tod erlitten. Sie alle haben Fortschritte errungen – technisch, humanitär, gesellschaftlich oder politisch.

Denkmäler, Gedenktafeln und Mahnmale sind lesenswerte Texte aus unserer Geschichte – als Denkanstöße, als Bedenkenswertes, als Anlass für Dankbarkeit und ebenso als Mahnung, aus den Lehren der Herkunft vernünftige Schlüsse für die Gestaltung der Zukunft zu ziehen.

Dieses Buch stellt rund 160 Gedenkplätze vor, die wir aus Gewohnheit kaum noch wahrnehmen. Es lädt dazu ein innezuhalten, damit das dankbare Andenken nicht dem Zahn der Zeit anheimfällt und nichts verloren geht.

Heinz Dopsch

KLEINE GESCHICHTE SALZBURGS
Stadt und Land

erweiterte und aktualisierte Neuauflage
296 Seiten, zahlreiche Abbildungen
11,5 x 19 cm
EUR 21,50 / SFR 38,–
ISBN 978-3-7025-0441-0

»Nicht nur ein praktisches Nachschlagewerk, sondern ein Buch, das sich wie ein Roman in einem Zug liest.«

SVZ

Die große Geschichte Salzburgs in einem kleinen Buch:
Ausgehend von der lange vergriffenen, legendären »Kleinen Landesgeschichte« von Franz Martin, die in zahlreichen Auflagen publiziert wurde, erzählt Heinz Dopsch das reiche Wissen im Lichte aktueller Fragen dieses geopolitisch stets bedeutenden Landes im Herzen Europas – und hat längst selbst ein legendäres Nachschlagewerk geschaffen.
Dopsch gelingt das Kunststück, die Faktenfülle in einem gut lesbaren Text unterzubringen.